I0818499

**Studien zum sozialen Dasein der Person**

herausgegeben von

Prof. Dr. Frank Schulz-Nieswandt

Band 14

Frank Schulz-Nieswandt | Ursula Köstler
Heike Marks | Petra Stemmer | Anne Wulff

# Studieren an der Universität zu Köln – Die Sicht internationaler Hochschulgruppen

## Ergebnisse einer Befragung und einer Gruppendiskussion

**Die Deutsche Nationalbibliothek** verzeichnet diese Publikation in der Deutschen Nationalbibliografie; detaillierte bibliografische Daten sind im Internet über http://dnb.d-nb.de abrufbar.

ISBN 978-3-8487-2123-8 (Print)
ISBN 978-3-8452-6223-9 (ePDF)

1. Auflage 2015

# Vorwort

Internationalisierung der Hochschule ist bereits ein etabliertes Thema (Hahn 2004; Teichler 2007). Auch die Universität zu Köln ist in Bewegung. Und dies in einer multi-perspektiven Weise. Das betrifft die Profilfindung, aber auch, damit interdependent, neue Wege interner Steuerung. Dazu gehört auch das Bauen in Eigenregie. Auch die Formate der Studiengänge gehören in diesen Themenzusammenhang der Universität im Wandel.

Bologna (Kocabiyik 2009; Maeße 2010; Affeld 2010; Pöppinghege/Klenke 2011) hat einen Internationalisierungsprozess angestoßen, betreffend die Modularisierung der Studiengänge, die Akkreditierungen, Vergleichbarkeit der Standards etc. Auch das Leben auf dem Campus ist internationaler geworden. Die Universität zu Köln ist seit 2012 mit dem Zukunftskonzept *Meeting the Challenge of Change and Complexity* Exzellenzuniversität. Allerdings ist nur eine kleine Gruppe Studierender in die Elitecluster integriert. Da stellt sich die Frage, wie die breite Studierendenschaft in den Internationalisierungsprozess eingebunden wird. Und wie sieht die universitäre Willkommenskultur speziell für die Gruppe der ausländischen Studierenden aus? Immerhin machen ausländische Studierende[1] – die (intern nochmals differenzielle) Sozialisationsproblematik (Veith 2008; Wulf/Zirfas 2014) von BildungsinländerInnen mit Migrationshintergrund stellt sich unter En-und Akkulturationsaspekten ganz anders dar – an der Universität zu Köln derzeit einen Anteil von fast 10 % an der derzeit über 48.000 Studierende umfassenden Studierendenschaft aus.[2]

Gelebte Internationalisierung beginnt bei der – inklusiven (Schulz-Nieswandt 2014a), nicht einfach adaptiven – Integration ausländischer Studierender, beim Miteinander der deutschen und ausländischen Studierendenschaft.

---

1 Statistiken dazu unter: http://de.statista.com/statistik/daten/studie/199059/umfrage/die-wichtigsten-herkunftslaender-der-bildungsauslaender-in-deutschland/. Vgl. ferner in DAAD/DZHW/wbv 2014 sowie Apolinarski/Poskowsky 2013.

2 Genaue Zahlen auf: http://verwaltung.uni-koeln.de/stabsstelle01/content/statistik/kurzstatistik/e64004/I.Kurzstatistik_WS13_14.pdf.

Das Migrationsgeschehen ist auch im Feld der Bildungseliten (etwa für Spätaussiedler mit Hochschulabschluss: Zueva 2009) – wenn wir hier die StudienanfängerInnen zurechnen – keine, psychodynamisch betrachtet, problemlose Episode im Leben. Wie das Reisen insgesamt, so erweist sich die Migration als seelische und soziale De-Territorialisierung und bedarf daher der Re-Territorialisierung. Identität und Alterität stehen hier in einem bi-polaren Spannungsfeld angeordnet und bedürfen der Balance. Der kulturelle Reichtum einer grenzüberschreitenden Reise im Sinne der Transgression eines ekstatischen Selbst bedarf dennoch immer auch wieder in innerer Komplementarität einer Geborgenheit, die hier nicht romantisch, sondern im Sinne der strukturalen Psychodynamik Heimat genannt werden darf. Anders kommen Angst und Vertrauen nicht zum Gleichgewicht. Wir wollen es bei dieser kurzen Erläuterung belassen (vgl. auch in Schulz-Nieswandt 2014b) und weitere, durchaus relevante Diskursbezugssysteme ausblenden. Dazu gehört auch die soziale Epidemiologie der Migrationsprozesse (Machleidt 2013; Borde/David 2011).

Vor dem Hintergrund der praktischen Umsetzung dieser Internationalisierungsentwicklungen hat sich der Studierendenförderungsfonds der Universität zu Köln, dessen Wirkungsfelder als Stiftungssondervermögen im Dezernat 2 „Studentische Angelegenheiten der Universitätsverwaltung“ organisatorisch zentriert sind, zusammen mit Professor Schulz-Nieswandt, Professur für Sozialpolitik und Methoden der qualitativen Sozialforschung im Institut für Soziologie und Sozialpsychologie und seit 1998 Vertreter der Professorenschaft im Verwaltungsrat und im operativen „Kleinen Ausschuss“ des Fonds, Fragen nach der Studiensituation ausländischer Studierender an der Universität zu Köln gestellt.

Das mehrere Module umfassende Projekt *„Lebenslage Kölner ausländischer Studierender – Situation, Handlungsperspektiven, strategische Entscheidungsmöglichkeiten der Universität zu Köln“* entstand vor dem Hintergrund hoher Studienabbruchquoten (zum Studienerfolg ausländischer Studierender: Rech 2012), insbesondere bei der Gruppe der ausländischen Studierenden (HIS 2009, 2012).

Studienabbrüche können individuell sinnvoll sein und müssen bewältigt werden (Piolot 2014; Stingl 2008). Ansonsten gilt natürlich: Hohe Abbruchquoten bei Studierenden sind ein ernst zu nehmendes Phänomen: Dabei geht es um volkswirtschaftliche Dimensionen, gerade vor der aktuellen gesellschaftspolitischen Diskussion des bundesdeutschen Fachkräftemangels, es geht aber auch um personenzentriertes Scheitern und personenbezogene Lebenslagen.

In der Schriftenreihe „*Studien zum sozialen Dasein der Person*" legen wir, wie auch schon im Fall der anderen Ergebnisse der Forschungsmodule, die Ergebnisse des breit angelegten Forschungsprojekts dar. Es ist das Projektziel, anhand der Status quo-Analysen Handlungsoptionen herauszuarbeiten, die es der Universität ermöglichen, im Internationalisierungsprozess eine Kultur der Gastfreundschaftlichkeit (ein kulturanthropologisch als *conditio humana* zu reflektierendes Sozialphänomen: Literatur in Schulz-Nieswandt 2012; 2013a) zu etablieren, die schon Band 1 der Schriftenreihe *Minderjährige StudienanfängerInnen an der Hochschule – ein Problem?* grundlegt (Schulz-Nieswandt/Langenhorst 2012) und auch andere Themenfelder der Rechtsphilosophie der Inklusion des *homo patiens* betrifft (u. a. Schulz-Nieswandt 2013).

In der Studie von Johnen/Schulz-Nieswandt (2013) ist der ganze Forschungskontext auch mit Blick auf die hochschulstrategische Situation *einleitend* dargelegt. Auf diese politisierende Lesart sei hier verwiesen.

Eine vorab durchgeführte Literaturrecherche der Studien- und Lebenssituation ausländischer Studierender an deutschen Hochschulen legt die Studienabbruchquoten unterschiedlicher Studierendengruppen sowie in der Literatur genannte Handlungsbedarfslagen dar: *Studien- und Lebenssituation ausländischer Studierender an deutschen Hochschulen. Analyse – Handlungsfelder – strategische Entscheidungsmöglichkeiten* (Stemmer 2013).

Das erste Modul ist eine *qualitative Befragung unterschiedlicher Stakeholder der Universität zu Köln*. Es wurden 26 Interviews mit insgesamt 39 InterviewpartnerInnen durchgeführt (Studiendekane, Zentren für Internationale Beziehungen der Fakultäten, Zentren für LehrerInnenbildung, Fachschaften, AStA, Studienberatung, Hochschulgemeinden, Kölner Studentenwerk und Akademisches Auslandsamt). Dazu liegen die Studien von Köstler/Marks (2014) und Stemmer (2014) vor. Ein ergänzendes Modul stellt die Abschlussarbeit von Chardey (2015) zur personalen Erlebniswelt[3] der Inanspruchnahme der Ausländerbehörden seitens Kölner Studierender dar.

3 Hier steht das Vertrauens(verlust)problem im Mittelpunkt. Dabei handelt es sich um ein psychodynamisch fundamentales Problem. Zum Problem des Vertrauens, das auch in Bezug auf ethnische Diversität diskutiert wird (Gundelach 2014), hat geradezu seit Jahren eine forschungsthematische Hochkonjunktur. Vgl. zuletzt etwa auch Petermann 2013; Baberowski 2014; Hammer/Tomaschek 2013.

Das in diesem Band nun dargestellte zweite Modul ist eine *quantitative Befragung der Internationalen Hochschulgruppen* der Universität zu Köln, die mit dem Akademischen Auslandsamt der Universität zu Köln zusammen arbeiten. Neun Internationale Hochschulgruppen (Vollerhebung) füllten den Fragebogen aus und beteiligten sich an dem im Rahmen der Auswertung abgehaltenen Evaluationsworkshop. Dort stellten wir unsere Auswertungsergebnisse zur Diskussion. Die Ergebnisse dieses quantitativen Moduls sowie die Benchmarks der Aspekte-generierenden Gruppendiskussion mit VertreterInnen der Internationalen Hochschulgruppen werden nunmehr ausgebreitet.

Das dritte Modul ist eine *biographische Befragung von Bildungsausländern*, die als *Freemover* erfolgreich ein Studium an der Universität zu Köln abgeschlossen haben. Die leitfadengestützten Interviews zeigen die Erfolgsdimensionen für einen Universitätsabschluss. Diese Ergebnisse sind wiederum eingeflossen in Studien von Köstler/Marks (2014) und Stemmer (2014).

Die Ergebnisse der Stakeholderbefragung sowie der biographischen Befragung von Bildungsausländern sollen hier nicht paraphrasiert werden. Wir verweisen auf die Lektüre der beiden angeführten Studien *Wie kann das Studium besser gelingen? Probleme und Erfolgsfaktoren von Bildungsausländern. Eine explorative Studie an der Universität zu Köln. Nomos: Baden-Baden* (Stemmer 2014) und *Ausländische Studierende an der Universität zu Köln: Status quo, Erwartungen und Ideen für eine gelebte Internationalisierung. Erfolgsdimensionen für einen erfolgreichen Studienabschluss unter Einbezug von Mentoringsystemen* (Köstler/Marks 2014).

Im Rahmen der Projektdurchführung kristallisierte sich das Themenfeld Wohnungssuche und Wohnungssituation als ein zentrales heraus. Dem folgend wurde das Ergänzungsmodul *Situationsanalyse der Studierendenwohnhäuser der Universität zu Köln* durchgeführt. Erfordernisse und Probleme der Integration von Freemovern am Beispiel der Wohnsituation in Kölner Studierendenwohnheimen werden offengelegt in: *Soziale Integration der BildungsausländerInnen an der Universität zu Köln – Eine Betrachtung am Beispiel der Situation in den Wohnheimen des Studentenwerks* (Wulff 2014).

Eine Reihe von Bachelorarbeiten wurde in diesem Forschungsfeld vergeben, betreut und angefertigt. Zu nennen sind: Quicker, Julia: Betreuung von Bildungsausländern an deutschen Universitäten: Interkulturelle Verständigung und Chancengleichheit. 2013. BA SOWI; Theißen, Michael:

Betreuungssituation und soziale Integration von Bildungsausländern an deutschen Universitäten. 2013. BA SOWI; Chardey, Benjamin: Vertrauensverlusttendenz bei Behördengängen in Deutschland von BildungsausländerInnen bei den Ausländerbehörden der Stadt Köln und des Rhein-Erft-Kreises. 2013. BA SOWI; Freiherr von Troschke, Clemens: Benchmarks bei der Etablierung von Mentoring-Programmen für ausländische Studierende auf Fachschaftsebene. 2013. BA BWL; Schulski, Elisa: Wirksamkeit von Mentoring Programmen in der Hochschule. 2014. BA SOWI. Auf die Publikation der Arbeit von Benjamin Chardey wurde bereits hingewiesen.

Doch ergaben sich im Rahmen dieser guten Arbeiten kaum Erträge, die über unsere Studienergebnisse hinausgehen oder einer Validierung unserer Perspektiven entgegen stehen.

2015 wird von Schulz-Nieswandt ebenfalls in dieser Schriftenreihe ein Gesamtfazit zu diesem multi-modalen Forschungsprojekt vorgelegt. Dieses anvisierte Fazit wird strategische Schlussfolgerungen beinhalten. Die wesentlichen Ergebnisse der Studien und die strategischen Schlussfolgerungen sollen 2015 sodann in einer Stakeholder-Konferenz an der Universität zu Köln einzubringen sein.

*

An dieser Stelle möchten wir uns ganz herzlich für die finanzielle Unterstützung durch den Studierendenförderungsfonds der Universität zu Köln bedanken; ein besonderes Dankeschön gilt dem Leiter des Dezernat 2 „Studierendenangelegenheiten“ Dezernent Herrn Kuck, der bei der Diskussion der Projektzwischenergebnisse neue, für den weiteren Projektverlauf wichtige Impulse anregte.

Daran schließt sich der Dank an alle Befragten, die unser Studienprojekt erst ermöglichten. In den Interviews und den zahlreichen weiterführenden Gesprächen im Anschluss an die Interviews haben wir Einblicke in den gelebten Internationalisierungsprozess an der Universität zu Köln erhalten. Mit großem Respekt blicken wir auf das zeitlich umfangreiche ehrenamtliche Engagement der ausländischen Studierenden in den Internationalen Hochschulgruppen.

# Inhaltsverzeichnis

# Abbildungsverzeichnis

# Tabellenverzeichnis

*1) Präsenz der Internationalen Hochschulgruppen an der Universität: der Status quo*

**Befund:** Die Zielsetzung der Internationalen Hochschulgruppen ist zweigeteilt.

Insbesondere: Die Internationalen Hochschulgruppen haben zum Ziel,
- Vernetzungen ausländischer Studierender (auf kultur-, sprach- und/ oder heimat-geographische Aspekte bezogen) zur gegenseitigen Unterstützung im universitären und außeruniversitären Alltag aufzubauen.
- Verständnis und Interesse für die Heimatkultur zu wecken, auch Missverständnisse gegenüber der Heimatkultur abzubauen und zu einem toleranteren Umgang des menschlichen Miteinanders beizutragen.

**Befund:** Freemover bilden die Mehrheit der Teilnehmer Internationaler Hochschulgruppen.

Insbesondere: BildungsausländerInnen, die als Freemover an der Universität einen Studienabschluss anstreben, sind unter den Teilnehmern der Internationalen Hochschulgruppen am häufigsten vertreten.

Deutsche Studierende und BildungsinländerInnen sind nur in einigen Hochschulgruppen präsent.

**Befund:** Die Zusammenarbeit der Internationalen Hochschulgruppen zentriert sich auf das Akademische Auslandsamt, den AStA und andere Kölner Internationale Hochschulgruppen.

Insbesondere: Die Internationalen Hochschulgruppen arbeiten eng in Kooperation mit dem Akademischen Auslandsamt, dem AStA und anderen Kölner Internationalen Hochschulgruppen zusammen. Sporadische Kontakte bestehen zur Studienberatung der Universität zu Köln und zu Einrichtungen der Stadt Köln; gar keine Kontakte gibt es zur Rektorats- und Studiendekanatsebene.

*2) Zukünftige Handlungsoptionen und Wirkungskreise der Internationalen Hochschulgruppen*

**Befund:** Gewünscht wird eine breitere Vernetzung mit Einrichtungen und Vereinen außerhalb des universitären Feldes, insbesondere mit Behörden der Stadt Köln.

Insbesondere: Unterstützungsangebote beim Kontakt mit den Aufenthaltsbehörden, aber auch ein umgangserleichterndes Klima in der behördlichen Kommunikation werden gewünscht.

## Architektur der Studie

Die Wegführung der Studie ist wie folgt:

*Abbildung 1: Architektur der Studie*

| Abschnitt I<br>Forschungshintergrund | |
|---|---|
| Abschnitt II<br>Befragung Internationaler Hochschulgruppen | Abschnitt III<br>Validierung der Ergebnisse im Rahmen einer Gruppendiskussion mit Vertretern Internationaler Hochschulgruppen der Universität zu Köln |
| Abschnitt IV<br>Zukünftige Rolle der Internationalen Hochschulgruppen zwischen Autonomie und Vernetzungen | |
| Ausblick<br>Quo vadis – Universität ? | |

Quelle: eigene Darstellung.

Abschnitt I „**Forschungshintergrund für die Befragung der Internationalen Hochschulgruppen**" skizziert die Gründe für eine Befragung der Internationalen Hochschulgruppen.

Im Abschnitt II „**Befragung Internationaler Hochschulgruppen**" steht die quantitative Befragung der Internationalen Hochschulgruppen, die mit dem Akademischen Auslandsamt in Kontakt stehen und zusammenarbeiten, im Mittelpunkt. Die Merkmale Internationaler Hochschulgruppen (Kap. 1), das Befragungssample (Kap. 2) und die Zielsetzungen der Befragung (Kap. 3) werden dargelegt. Die Auswertung (in Kap. 4) zeigt die Zielsetzungen und Binnenstruktur der Internationalen Hochschulgruppen, benennt die Unterstützungsbedarfe ausländischer Studierender sowie Verbesserungsvorschläge für die Integration von Freemovern aus Sicht der Internationalen Hochschulgruppen. Die Angebotspalette der Hochschulgruppen wird offengelegt und tatsächliche und gewünschte Kooperationen werden genannt. Den Abschluss bildet ein kurzer zusammenfassender Überblick (Kap. 5).

Abschnitt III „**Validierung der Ergebnisse im Rahmen einer Gruppendiskussion mit VertreterInnen Internationaler Hochschulgruppen der Universität zu Köln**“ listet die angesprochenen Problembereiche (Kap. 6) und die Analysedimensionen des gemeinsam mit VertreterInnen der Internationalen Hochschulgruppen abgehaltenen Workshops auf (Kap. 7). Im Anschluss daran wird die Rolle der Internationalen Hochschulgruppen bei einer geplanten Stakeholder-Konferenz skizziert (Kap. 8).

Im Abschnitt IV „**Zukünftige Rolle der Internationalen Hochschulgruppen zwischen Autonomie und Vernetzungen**“ wird auf die Ambivalenzen, die sich aus dem Aktionsgefüge der Internationalen Hochschulgruppen ergeben, eingegangen.

Um dann in Abschnitt V „**Quo vadis – Universität**?“ die Rolle der Universität kurz anzusprechen.

# Studieren an der Universität zu Köln – Die Sicht Internationaler Hochschulgruppen Ergebnisse einer Befragung und einer Gruppendiskussion

Frank Schulz-Nieswandt, Ursula Köstler, Heike Marks, Petra Stemmer, Anne Wulff

## I. Forschungshintergrund für die Befragung der Internationalen Hochschulgruppen

Die qualitative Befragung der Stakeholder zeigt eine breit diversifizierte und verschiedene Ebenen und Zielgruppen umfassende Angebotspalette für ausländische Studierende an der Universität zu Köln, legt aber auch eine (nahezu strikt umgesetzte) Unterteilung der Unterstützungsprogramme in die beiden Zielgruppen der Programmstudierenden einerseits und (versus) der Freemover andererseits offen. Ausgebreitet haben wir die Ergebnisse der qualitativen Stakeholder-Befragung, wie schon im Vorwort vermerkt, detailliert in Köstler/Marks 2014 und in Stemmer 2014.

Die Zentren für Internationale Beziehungen der einzelnen Fakultäten unterstützen in ihrer operativen Arbeit ausschließlich Programmstudierende (ERASMUS, Mummert, Double Master Programme, Partneruniversitäten), die dann sehr engmaschig während ihres Kurzzeitaufenthalts betreut werden. Auf Anfrage können Freemover auch an den Veranstaltungen der Programmstudierenden (interkulturelle Seminare, Sprachkurse) teilnehmen. In der Regel aber verweisen die Zentren für Internationale Beziehungen bei Anfragen ausländischer Studierender, die in kein Programm eingegliedert sind, an die Zuständigkeit des Akademischen Auslandsamts.

Für Langzeitstudierende, die an der Universität zu Köln einen Hochschulabschluss anstreben, sogenannte Freemover, gibt es wenig spezifische Angebote. Mittlerweile an vier Fakultäten angelaufen ist das Programm Studienstart International, das sich an Freemover aus Ländern außerhalb der EU wendet. Den darin eingebetteten Studierenden steht ein breites Angebot an Sprachkursen, interkulturellen Veranstaltungen und Orientierungsveranstaltungen – an zwei Fakultäten mit Mentoren-Programmen unterstützt – zur Verfügung.

Man erkennt bereits hier, wissenssoziologisch (Schützeichel 2007) und epistemologisch (Rheinberger 2013) betrachtet, im Lichte einer Soziologie der klassifikatorischen Konstruktion von sozialer Wirklichkeit (Berger/ Luckmann 2013) als „Ordnung der Dinge“ eine wertende Binnendifferenzierung der Förderpraxis. Das Management der Austauschprogramme fügt sich dem dominanten Effizienzregime der Internationalisierung. Sollte der Rest universitätspolitisch uninteressanter Schrott sein?

Die beschriebene Struktur (BildungsausländerInnen lassen sich in Programmstudierende und Freemover unterteilen, wobei bei den Freemovern nochmals in Teilnehmer des Programms „Studienstart International“ und den Freemovern ohne jede Programm-Einbettung zu unterscheiden ist) stellt die Frage: Welche Anlaufstellen und Unterstützungsangebote gibt es für ausländische Studierende, die in kein Programm eingebettet sind?

Hier differenzieren sich Haltungen, institutionelle Programmcodes, Diskurse und Praktiken. Wir nehmen also den kritischen ethnographischen (Birkhan 2012) Blick von Foucault an.

Völlige Outsider sind Freemover natürlich nicht. Offen stehen diesen Freemovern die zahlreichen Erstsemester-Aktivitäten (fachübergreifende und fachbezogene Informations- und Orientierungsangebote, StudyGuides der Fakultäten, Orientierungsphase und Welcome-Tage der Fachschaften), und sie haben Zugang zu allen anderen für die breite Studierendenschaft bestehenden Angeboten.

Das Akademische Auslandsamt ist der zentrale Ansprechpartner für BildungsausländerInnen. Dort werden Fragen zur Studienberatung und Studienzulassung geklärt, Visa-Angelegenheiten, Korrespondenz mit Botschaften, Wohnungssuche etc. geregelt. Den Freemovern steht neben dem Akademischen Auslandsamt als Ansprechpartner auf der Studierendenebene der AStA zur Verfügung. Der AStA organisiert zahlreiche Beratungsangebote für ausländische Studierende (z. T. sind die Angebote für die gesamte Studierendenschaft offen): das Referat für Internationales, Integration und Anti-Diskriminierung des AStA der Universität zu Köln, die AusländerInnenberatung des AStA der Universität zu Köln, die Psychosoziale Beratung für Studierende mit Migrationshintergrund sowie die Rechtsberatung des AStA.

*Abbildung 2: Status quo an der Universität zu Köln – Ansprechpartner für BildungsausländerInnen*

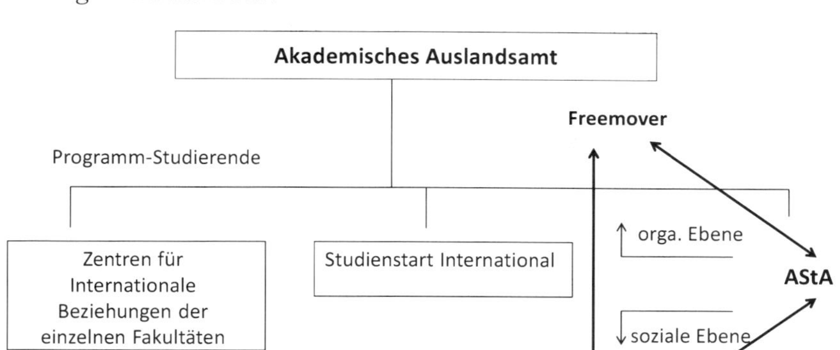


Quelle: eigene Darstellung.

Die Leitfadeninterviews mit den Stakeholdern Akademisches Auslandsamt und AStA zeigen die Bedeutung der Internationalen Hochschulgruppen für die Gruppe der Freemover (Stemmer 2014; Köstler/Marks 2014).

Auszumachen ist ein Kooperationsdreieck, aufgezeigt in der oben stehenden Abbildung, zwischen dem Akademischen Auslandsamt, dem AStA (Referat für Internationales) und den Internationalen Hochschulgruppen. Dies führte zu dem in unserem Design aufgezeigten weiteren Schritt der Befragung der VertreterInnen der Internationalen Hochschulgruppen.

## II. Befragung Internationaler Hochschulgruppen

### 1 Merkmale Internationaler Hochschulgruppen

Die Merkmale Internationaler Hochschulgruppen liegen im Lichte der einschlägigen Forschung wohl auf der Hand: Internationale Hochschulgruppen sind Netzwerke, in denen Vertrauens- und Sozialkapital (Köstler/Schulz-Nieswandt 2011, 140) entsteht (spezifischer: Mangold 2010; Klein 2010). Zentrale Dimensionen von sozialem Kapital sind demnach gegeben (Putnam 2001, 20; Franzen/Freitag 2007): Bindungen und Netzwerk, Grade der Nähe und Vertrautheit, kollektiv erwünschte und daher geteilte Wertordnungen und Normen. Es entstehen Reziprozitäten auf der Mikro-, Meso- und Makroebene. Dabei arbeiten die Gruppen lebenslagenorientiert, das Engagement mit anderen für sich und für Andere hat persönlichkeitsbildende Wirkungen (Schulz-Nieswandt 2011, 41).

Die Idee der Internationalen Hochschulgruppen ist in Bewegung. Parteigebundene Hochschulgruppen, an Amnesty International angegliederte Hochschulgruppen und Hochschulgruppen, die Ziele in der jeweiligen Heimatregion der Mitglieder unterstützen, gibt es schon länger an deutschen Universitäten. Dagegen sind Internationale Hochschulgruppen, die sich für die Interessen von ausländischen Studierenden an deutschen Universitäten einsetzen und einen interkulturellen Austausch an der Universität und in der jeweiligen Region anstreben, eine relativ neue Erscheinung. An der Universität zu Köln wurden die ersten derartigen Gruppen 2008 gegründet.

Diese Internationalen Hochschulgruppen zentrieren ihre Zielfunktionen zwischen Gesellung und (wirtschaftlichen) Zweckgebilden (www.uni-koeln.de/international und Internetseiten der Internationalen Hochschulgruppen). Damit kommen sie der Genossenschaftsidee von Draheim (1955) recht nahe. Soziologisch sind diese Gruppen, die sich in der Rechtsform des eingetragenen Vereins formieren, somit genossenschaftsartiger Natur (Schulz-Nieswandt 2014; Köstler/Schulz-Nieswandt 2011).

Das Engagement bei einer Internationalen Hochschulgruppe fällt in die Statuspassage (Bräunein 2012; vgl. auch nochmals in Schulz-Nieswandt/

Langenhorst 2012; Johnen/Schulz-Nieswandt 2013)[4] des Übergangs zum Erwachsenwerden.

Die Studiumsaufnahme ist eine personale Entwicklungsaufgabe im Lebenslauf. Sie muss bewältigt werden. Sie kann die psychodynamisch dramatische Qualität eines kritischen Lebensereignisses (Filipp/Aymanns 2010) annehmen. Dies darf nicht falsch verstanden werden. Es geht nicht um eine Pathologisierung, denn das Studium ist ja nicht a priori traumatisch (Schlögl 2010). Dennoch zeigen lokale oder auf spezifische Gruppen abstellende Einzelstudien doch immer wieder erneut, dass das Studieren auch keine triviale Angelegenheit in der Biographie der Menschen ist (Gotthardt 2014). Z. B. sei auf das Problem des Burn-outs (Hedderich 2009) auch im Studium (Krautz/Schiebeck/Schülke 2013) hingewiesen.

Vor diesem daseinsthematischen Zusammenhang ist das Phänomen des selbstorganisatorischen Engagements zu verstehen. Es geht nicht um Folklore. Gemeinsam mit anderen Studierenden engagieren sich Studierende für sich und für Andere als Mitmenschen. Somit werden Charaktermerkmale der Hilfe zur Selbsthilfe deutlich, wie diese schon bei Nightline Köln e. V., einem Zuhör- und Informationstelefon von Studierenden für Studierende an der Universität zu Köln, gezeigt werden konnten (Köstler 2012). Das Engagement braucht – kultursensible, also nicht *gouvernemental* lenkende – rahmensetzende und unterstützende Aktivitäten der Institution Hochschule. Das reflektiert einen allgemein gültigen Befund aus der Engagement(förderpolitik)forschung. Somit kommt bei der Bewältigung der Statuspassage der Universität eine zentrale – aber *achtsam* zu handhabende – Rolle zu. Dies konnte am Beispiel des Bewältigungsbereichs der minderjährigen Studienanfänger bei Wulff (2013, 48-53) und Johnen/Schulz-Nieswandt (2013, 35-37) gezeigt werden. Es geht hier nicht um Infantilisierung. Nicht um Paternalismus. Im post-kolonialen Sinne (Kerner 2012) einer post-konventionellen Meta-Reflexion geht es um Förderung ohne Kontrolle und ohne integrierende (pseudo-inklusive) Disziplinierung. Es geht um eine wahrhaft gelingende Kultur der gegenseitigen Anerkennung (Ricoeur 2006), also Gleichheit in und angesichts der – wertgeschätzten – Differenz.

4 „Statuspassagen sind Übergangspassagen im Lebenslauf von Menschen“ (Schulz-Nieswandt 2006, 76), Lebensabschnitte, die existierende Bindungen deutlich werden lassen, aber vor allem Optionen für Zukünftiges offenlegen.

## 2 Befragungssample

Die quantitative Befragung der Internationalen Hochschulgruppen wurde Anfang November 2013 mit Unterstützung der Leitung der Abteilung Internationale Beziehungen des Akademischen Auslandsamts durchgeführt. Dabei wurden ausschließlich die Internationalen Hochschulgruppen, die mit dem Akademischen Auslandsamt in Kontakt stehen und zusammenarbeiten, befragt. Diese Gruppen haben zielgerichtet die Integration von ausländischen Studierenden in ihre jeweilige Satzung aufgenommen.[5]

Das Akademische Auslandsamt fungiert als Ansprechpartner der Internationalen Hochschulgruppen und unterstützt diese bei der Gründung. So wird beispielsweise eine Mustersatzung zur Verfügung gestellt.

Auf der Homepage definiert das Akademische Auslandsamt die Internationalen Hochschulgruppen wie folgt: „Internationale Hochschulgruppen sind Zusammenschlüsse ausländischer Studierender in einzelnen Studierendenvereinigungen, die ein gemeinsames Ziel verfolgen. Diese Gruppen werden auf Antrag in die Matrikel der Universität zu Köln eingeschrieben und sind damit faktisch Organe dieser Hochschule, mit allen Rechten und auch Pflichten. In der Regel werden sie von internationalen Studierenden geleitet, allerdings können auch deutsche und Studierende anderer Herkunft Mitglied werden bzw. diese Gruppen sogar leiten.“ (www.uni-koeln.de/international)

Der Internetauftritt, mit dem das Akademische Auslandsamt über die Internationalen Hochschulgruppen informiert, befindet sich derzeit in der Neu- und Umstrukturierung. Im Zeitraum unserer Recherche wurden im

---

5 Auszüge der Satzungen der Internationalen Hochschulgruppen sind auf der Homepage des Akademischen Auslandsamts gelistet (www.uni-koeln.de/international). Nachfolgend ein Auszug aus der Satzung der North American Students Association: § 2 Zweck der Vereinigung ist: 1) Nordamerikanische und an Nord-Amerika interessierte Studierende und Promovierende der Universität zu Köln miteinander zu vernetzen. 2) Nordamerikanische Studierende mit der deutschen Kultur und Sprache und deutsche und andere Studierende mit der nordamerikanischen Kultur und Sprache vertraut zu machen, um bestehende Missverständnisse abzubauen und zur gegenseitigen Verständigung beizutragen.

November 2013 die Hauptziele der Internationalen Hochschulgruppen dreigeteilt gelistet (www.uni-koeln.de/international). Diese lauten:

- Vorurteile abbauen, indem über die jeweiligen Kulturen informiert wird;
- Studienbewerber aus dem Ausland – auch in der Heimatsprache – über das Studium an der Universität zu Köln informieren und erste Hilfestellungen geben (Aufenthalts- und Arbeitserlaubnis, Wohnungssuche, Orientierung in der neuen Umgebung, Beschaffung von Arbeitsmaterial für das Studium etc.);
- Studierende während des Studiums durch Erfahrungsaustausch und z. B. durch Einrichtung von Arbeitsgruppen etc. unterstützen.

Die Recherche des Internetauftritts der Internationalen Hochschulgruppen der Universität zu Köln auf den Seiten des Akademischen Auslandsamts zeigt Informationslücken (Stand Dezember 2013) derart, dass es Gruppen mit nicht aktualisiertem Internetprofil gibt, Gruppen dort noch präsent sind, die sich aber bereits aufgelöst haben, und neugegründete Gruppen existieren bzw. Gruppen, die in der Gründungsphase sind, aber noch über keinen Internetauftritt verfügen.

Eine feldabklärende Diskussionsrunde im Oktober 2013 mit dem Leiter der Abteilung Internationale Beziehungen des Akademischen Auslandsamts, einem Vertreter und einer Vertreterin Internationaler Hochschulgruppen führte zu einer Kooperationsvereinbarung derart, dass die Abteilung Internationale Beziehungen die Kontaktaufnahme mit den Vertretern und Vertreterinnen der zum Befragungszeitpunkt aktiven Internationalen Hochschulgruppen steuerte und die quantitative Befragung durchführte. Somit führte die Vollerhebung von n = 9 zu einem vollständigen Rücklauf.

Befragt wurden:

International Students Association Cologne, ISAC
Cologne Iranian Students Association, CISA
African Students Association, ASA
Arabian Students Association Cologne, ASAC
Georgische Hochschulgruppe, AISI
North American Students Association, NASA
Koreanische Hochschulgruppe der Universität zu Köln, KHUK
Chinesische Hochschulgruppe Köln, CHK
Lateinamerikanische Hochschulgruppe, AVANZA

Bei ISAC handelt es sich um den 2012 gegründeten Dachverband aller an der Universität zu Köln aktiven Internationalen Hochschulgruppen.[6]

## 3 Zielsetzung und Kerninhalte des Fragebogens

Da bei einem derart kleinen Sample auf die Durchführung eines Pretests verzichtet wird, wurde der Fragebogen vorab mit dem Leiter der Abteilung Internationale Beziehungen des Akademischen Auslandsamts sowie einem Vertreter und einer Vertreterin Internationaler Hochschulgruppen analysiert. So konnten zielführende Verbesserungsvorschläge bei der Frageformulierung, dank des Perspektivenwechsels der DiskussionsteilnehmerInnen, vorgenommen werden.

Die Diskussion ergab, dass der in der Literatur durchaus gängige Terminus Freemover derzeit im kommunikativen Alltag durch den Begriff *Degree Seeking Students* ersetzt wird.

Wir empfinden diese Sprachspiele als signifikant. Die durchaus alltagsdramatische Dimension im personalen Erlebnisgeschehen wird substituiert durch einen Term, der die internationalisierte Employability-Entwicklung zum Ausdruck bringt. Die Universität ist eine Fabrik (Anstalt) zur Produktion von Zertifikaten, nicht ein soziales System kultureller Grammatik, welches personal als Geschehensordnung erlebt wird. Der Term-Wechsel soll wohl Versachlichung vorantreiben; aber er verdunkelt nur mehr als er erhellt. Die soziale Wirklichkeit von Institutionen hat immer mehrere manifeste wie latente Sinnstrukturen. Die Zertifikat-Produktionsfunktion ist die Sinnordnung der gesellschaftlichen Satzung. Aber die Praktiken folgen zugleich einem anderen Programmcode. Es geht um interne Ordnungen etablierter Insider-Zentren und Insider-Peripherien.

---

6 ISAC werden wir bei der Auswertung keine gesonderte Rolle bei den Internationalen Hochschulgruppen zuordnen und unter das Sample n = 9 fassen, obwohl ISAC als Dachverband fungiert. Argumentiert wird damit, dass die Zielsetzungen von ISAC (in der Satzung festgelegt) denen der Internationalen Hochschulgruppen teilweise gleichgeschaltet sind. Dabei sei angemerkt, dass ISAC zusätzlich zur Interessenvertretung ausländischer Studierender auch als Organ der politischen Mitbestimmung fungiert, die Vernetzung nationaler und regionaler Hochschulgruppen anstrebt und sich als Ansprechpartner für Hochschulleitung, Universitätsverwaltung für Fragen zu internationalen Studierenden sieht (Satzung der ISAC § 2 Zweck der Vereinigung).

Zum einheitlichen Verständnis der Fragestellungen wurden definitorische Erklärungen, was unter Programmstudierenden, Freemovern und BildungsinländerInnen zu verstehen ist, in den Fragebogen aufgenommen.

Der Fragebogen, im Anhang einsehbar, strukturiert folgende Themenblöcke:

- Ziele der Hochschulgruppe,
- Größe und Zusammensetzung der Hochschulgruppe,
- (aktive Studierende, welche Nationalität, Unterscheidung in Programmstudierende, Freemover und BildungsinländerInnen),
- Unterstützungsbedarfe ausländischer Studierender und Verbesserungsvorschläge für die Integration von Freemovern,
- Angebotspalette der Hochschulgruppe,
- Kooperationspartner der Hochschulgruppe und angestrebte Kooperationswünsche,
- Offener Dialog für Ideen.

Damit möchte die quantitative Befragung der Internationalen Hochschulgruppen einen Überblick über deren Mitgliederstrukturen, Angebotsbedarfe und -strukturen, Kooperations- und Vernetzungsstrukturen, Zielsetzung und -erreichung erhalten sowie deren Ideen für Handlungsbedarfe offenlegen. In einer ergebniszentrierten Gruppendiskussion im Januar 2014 wurden dann mit VertreterInnen der Internationalen Hochschulgruppen die Befragungsergebnisse validiert und diskutiert, um zielgerichtete Handlungsmuster und passgenaue Maßnahmen zu erarbeiten.

## 4 Auswertung

Es ist bereits jetzt wohl deutlich geworden, dass es bei oberflächlicher Betrachtung um relativ triviale Probleme des Vereinswesens geht. Jein!

Wir haben bewusst bereits mehrfach abgehoben wirkende Deutungspassagen im wissenschaftlichen Jargon eingeschoben. Warum? Hinter der Oberfläche schlummert die (durchaus dunkle) Tiefe einer kulturellen Grammatik des Umgangs im interkulturellen Raum der sich wettbewerblich modernisierenden Universität. Bunt will man (sie) sein. Aber ist man, Empathie-gesteuert (Breithaupt 2009) und von Authentizität (Sautermeister 2013) getrieben, wirklich offen für Alle?

In der Tradition Kritischer Theorie ist zwischen instrumenteller strategischer Rationalität (der Universität) einerseits und substantieller Vernunft (der Universität) andererseits zu unterscheiden. Die Differenz folgt der strukturalen Logik

instrumentelle Rationalität : materieller Vernunft
=
strategisch-reputativer Opportunismus : gestalthafter Authentizität der Haltung.

Insofern sind alle scheinbar trivialen Befunde der auswertenden Berichterstattung auf die relevanten Tiefenstrukturen hin hermeneutisch zu de-chiffrieren.

## 4.1 Ziele der Hochschulgruppen

Die Zielsetzungen der Internationalen Hochschulgruppen sind sowohl auf die Mikro- und Meso- wie auf die Makroebene gerichtet. Verankert sind die Ziele in den Satzungen der in der Rechtsform des eingetragenen Vereins organisierten Internationalen Hochschulgruppen.

Auf der Mikroebene wird ein gegenseitiges Kennenlernen von Studierenden der Herkunftsregionen, auf die sich die jeweilige Internationale Hochschulgruppe zentriert, angestrebt. Hier finden die eigentlichen Reziprozitäten des Austausches statt. Es entstehen Beziehungsnetzwerke (Stegbauer/Häußling 2011), die aktivitätsgesteuert sind. Wie bei jeder Beziehung ist – trivial, weil ontologisch unabdingbar – Interaktion wichtig, denn ohne aktive Teilnahme (Informationsaustausch, aber, mehr noch, eben auch die dialogische Tiefe [Wojcieszuk 2010] des kommunikativen Zwischenraums als personales Erleben der gemeinsam geteilten Wirklichkeit) ist keine Gemeinschaft möglich.

So *profan* das Thema klingt: Es geht (*non-sakral*) um mitmenschliche Tiefe, nicht ohne Dramatik – die Tragödie wie die Komödie implizierend. Romane (qualitative Sozialforschung wurzelt durchaus in der Sozialreportage) lassen sich hier – als Prosa – erzählen, wenn gleich auch Lyrik ihren Platz finden kann.

Nicht alle Internationalen Hochschulgruppen verfügen über eine Internetseite, aber auf Facebook sind fast alle präsent (und wenn nicht, dann plant die Hochschulgruppe den Facebook-Auftritt; siehe Abbildung 4), auch verfügen alle Hochschulgruppen über einen Mailverteiler. Dies erleichtet den Zugang zur Hochschulgruppe, bietet eine Niederschwelligkeit, öffnet die Erreichbarkeit – zeitlich, örtlich und für einen größeren Nutzerkreis – und vergrößert die Informationsmenge.

Auf der erweiterten Mikro- und Mesoebene geht es um das Organisieren von wissenschaftlichen, kulturellen und sportlichen Aktivitäten. Das Gruppengeschehen soll somit Hilfestellungen beim Studium, bei Behördengängen und beim sozialen Leben geben.

Dieses wirkungslogische System der konzentrischen Kreise (Mikro-, über zum Meso- und zum Makrorahmen) ist wichtig: Es geht den Vereinen nicht um privaten Spaß allein; es geht um die Daseinsbewältigung im Alltag, um, wie wir sie – anthropologisch betrachtet (Schulz-Nieswandt 2003) – ubiquitär in der Geschichte der Menschen finden können, die gegenseitige Hilfe. Und auch für die öffentlich wahrgenommene Performance der Universität ist dieses Thema relevant. Man wird immer daran gemessen, wie man mit dem Anderen umgeht.

Es geht aber auch um eine Positionsbestimmung der Internationalen Hochschulgruppen zu anderen Hochschulgruppen und Organen der universitären Struktur (AStA, Kölner Studentenwerk).

Die Unterstützungen beim Studium beginnen bei der Betreuung von Studieninteressierten, Studienbewerbern und Studienanfängern. Erfolgreiches Studieren ist ein Prozess, der schon vor dem eigentlichen Studienstart eingeleitet wird. Unsere Befragung ausländischer Absolventen zeigte, dass neben der Vorbereitungsphase auf das Leben und das Studieren in Deutschland der Zeit des Studienbeginns – wie (entwicklungspsychologisch aufgeladen) gesagt: als Statuspassage – eine besondere Bedeutung zu kommt (Köstler/Marks 2014). Hier sind die Internationalen Hochschulgruppen wichtige Anlaufstellen der Information und Vernetzung für ausländische Studierende. Es geht um Beratungen bei Aufenthaltsgenehmigungen, um Hilfen bei Behördengängen und bei der Wohnungssuche. Bei den Unterstützungen während des Studiums stehen sozio-kulturelle Angebote (also die soziologisch, aber eben auch psychologisch gesehen so grundlegende Funktion der Gesellung: Simmel 2009; Elias 2014) im Vordergrund. Wissenschaftliche Angebote (Workshops, Lerngruppen) sind eher randständig, da diese studienfachspezifisch sind.

Zielrichtungen, die auf die Makroebene wirken, sind das Wecken von Verständnis und Interesse für die Heimatkultur, der Abbau von Vorurteilen gegenüber dem Heimatland sowie die Integration und der Kulturaustausch zwischen ausländischen und deutschen Studierenden. Auch Maßnahmen, die den Übergang von Studium in den Beruf in Deutschland oder im Heimatland bahnen (Aufbau eines Alumni-Netzwerkes), dienen dem gegenseitigen Kulturverständnis und haben ein gesellschaftliches Integrationspotential.

## 4.2 Größe und Zusammensetzung der Hochschulgruppen

Internationale Hochschulgruppen sind an der Universität zu Köln erst seit sechs Jahren präsent. 2008 wurden die ersten beiden der derzeit neun an der Universität zu Köln aktiven (mit dem Akademischen Auslandsamt zusammenarbeitenden) Internationalen Hochschulgruppen (der IASC wird in diesem Bericht auch unter die Internationalen Hochschulgruppen gereiht) gegründet; afrikanische Studierende gründeten ASA und chinesische Studierende die Vereinigung der Chinesischen Studierenden. 2009 folgte ASAC mit Studierenden aus arabischen Ländern. 2010 gründeten lateinamerikanische Studierende AVANZA, 2011 folgte CISA (iranische Studierende). 2012 formierten sich Studierende aus Korea zu KHUK. Ebenfalls 2012 gründete sich der Dachverband aller Internationalen Hochschulgruppen an der Universität zu Köln, ISAC. Seit Sommer 2013 organisieren sich Studierende aus Nord-Amerika in der NASA und seit Oktober 2013 existiert der Zusammenschluss georgischer Studierender AISI.

Die Mitgliederzahlen der Internationalen Hochschulgruppen schwanken von zehn Mitgliedern bei AISI, die derzeit nach der Gründungsphase in der Aufbau- und Orientierungsphase ist, bis zu geschätzten 100-150 Mitgliedern bei AVANZA, die schon seit 2010 arbeitet.

Bei der Frage nach der Zahl der engagierten Mitglieder geben die Internationalen Hochschulgruppen Zahlen von fünf bis 25 an; hier spiegeln sich Ergebnisse aus der Vereinsforschung (Zimmer 2007; Riekmann 2011) wider, derart, dass ab einer bestimmten Gruppengröße es zur Bildung von Untergruppen kommt.

Auf die Frage, wie sich die Studierendenschaft der jeweiligen Internationalen Hochschulgruppe in die Gruppierungen – Programmstudierende, Freemover, BildungsinländerInnen und Deutsche – aufteilt,[7] geben sechs

7 Die Unterscheidung in Bildungsinländer und Deutsche wurde bewusst vorgenommen. Wir orientieren uns an der 18. Sozialerhebung des Deutschen Studentenwerks 2008, durchgeführt vom Hochschul-Informationssystem (HIS 2012, 33), herausgegeben vom BMBF. Dort wird unterschieden zwischen „Bildungsausländer" (ausländische Staatsbürgerschaft und ausländische Hochschulzugangsberechtigung), „Bildungsinländer" (ausländische Staatsbürgerschaft und Abitur) und weiteren Studierenden mit Migrationshintergrund (Abitur und eingebürgert oder doppelte Staatsbürgerschaft oder Elternteil mit ausländischer Staatsbürgerschaft). Unser Forschungsvorhaben legt obige Definitionen zugrunde. Bei vielen Betrachtungen folgt die Diskussion jedoch anhand der beiden Obergruppen: Bildungsausländer und Bildungsinländer, sodass die Gruppe der weiteren Studierenden mit Migrationshinter-

Gruppen Schätzungen an. Auffallend sind der durchweg hohe Anteil an Freemovern von 50 % bis 90 % und der geringe Anteil an deutschen Studierenden, hier werden 5 % bis 10 % angegeben. Die Nennungen der einzelnen Hochschulgruppen sind in Tabelle 1 gelistet.

*Tabelle 1: Zusammensetzung der Internationalen Hochschulgruppen nach unterschiedlichen Studierendengruppen*

| Zusammensetzung | CISA | ASAC | ASA | Aisi | NASA | KHUK | IASC | Chin. | Avanza |
|---|---|---|---|---|---|---|---|---|---|
| Programmstudierende | 5% | - | 10% | 10% | 20% | 20% | 10% | - | - |
| Freemover | 70% | 100% | 65% | 90% | 20% | 20% | 80% | - | 50% |
| BildungsinländerInnen | 20% | - | 15% | - | 10% | 10% | 5% | - | 40% |
| Deutsche | 5% | - | 10% | - | 50% | 50% | 5% | - | 10% |

Quelle: eigene Darstellung.

Eine Ausnahme bilden die Internationalen Hochschulgruppen der koreanischen Studierenden und der nordamerikanischen Studierenden, die lediglich 20 % Freemover angeben und bei den Deutschen 50 %. Anzumerken ist, dass beide Gruppen, KHUK und NASA, erst seit kurzem aktiv sind (Gründungsjahre 2012, 2013). Recherchen zu den Gründungsinitiatoren legen dar, dass der Gründungsanstoß durch eine gemischte Gruppe aus ausländischen Studierenden und deutschen Studierenden erfolgte.

Wir wissen bisher wenig über den Lebenszyklus von Internationalen Hochschulgruppen. Zu vermuten ist, dass auch hier das Engagement lebenslagenbezogen geprägt ist. Personen müssen Möglichkeitsräume der Nutzung und Entfaltung ihrer personalen und kontextualen Ressourcen bekommen, denn die Teilhabe und die Engagementmotive werden gesteuert von der Möglichkeit, beim Engagement mit Anderen positive Wirksamkeitserfahrung erleben zu können (Köstler/Schulz-Nieswandt 2014). Aus der Vereinsforschung ist bekannt, dass die Lebendigkeit des Vereinslebens von der Gruppe der Personen im Vorstand sowie einer Kerngruppe weiterer aktiver Vereinsmitglieder bestimmt wird (Köstler 2009). Dies auch deshalb, weil die internen Kollektivgutprobleme oftmals nicht anders gelöst werden können. Weiteres Forschungsinteresse besteht demnach in der

---

grund implizit den Bildungsinländern zugeordnet wird. Bei der Gruppe der Bildungsinländer ist die Gruppe der „deutschstämmigen Studierenden“ ausgeschlossen.

Eruierung des Lebenszyklus von Internationalen Hochschulgruppen, um hier rahmensetzende Unterstützungen der Stabilität und Nachhaltigkeit solcher Gruppen zu etablieren.

## 4.3 Unterstützungsbedarfe ausländischer Studierender und Verbesserungsvorschläge für die Integration von Freemovern

Die von den Internationalen Hochschulgruppen genannten Unterstützungsbedarfe für Freemover zentrieren sich um die *Gestaltung von Studium und Freizeit.* Abbildung 3 zeigt: Es geht um gemeinsames Studieren (wissenschaftliche Begleitung/Beratung) und um gemeinsame Freizeitgestaltung (Gesellung). Zielgerichtet gilt es, *personale Ressourcen zu aktivieren und auszubauen.* Das Erlernen der deutschen Sprache (Ausnahme sind Studiengänge, die englischsprachig sind) bietet die Grundlage für ein interkulturelles Miteinander und für das Kennenlernen der deutschen Studien- und Lernkultur. Das *Erhalten von wissenschaftlicher und sozialer Unterstützung und der Auf- und Ausbau von Netzwerkressourcen* ebnet die Integration in den Universitätsalltag und in die lokale Umgebung. Dabei ist die Vernetzung mit Studierenden aus der Heimatkultur und Heimatregion ebenso von Bedeutung wie die Vernetzung mit deutschen Studierenden. Für Freemover besteht zusätzlich ein Bedarf an *Unterstützung bei spezifischen Problemen* bei Behördenkontakten, Jobsuche, Wohnungssuche.

*Abbildung 3: Unterstützungsbedarfe aus Sicht der Internationalen Hochschulgruppen*

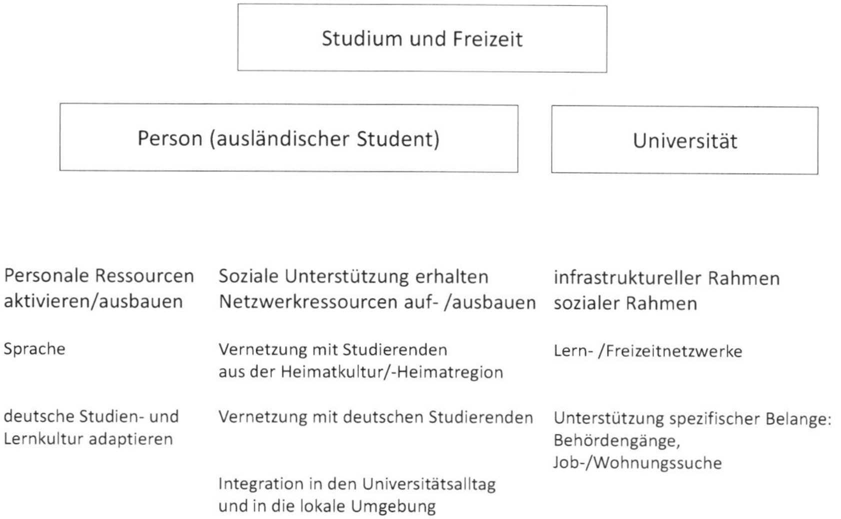

Studium und Freizeit

Person (ausländischer Student) | Universität

| Personale Ressourcen aktivieren/ausbauen | Soziale Unterstützung erhalten Netzwerkressourcen auf- /ausbauen | infrastruktureller Rahmen sozialer Rahmen |
|---|---|---|
| Sprache | Vernetzung mit Studierenden aus der Heimatkultur/-Heimatregion | Lern- /Freizeitnetzwerke |
| deutsche Studien- und Lernkultur adaptieren | Vernetzung mit deutschen Studierenden | Unterstützung spezifischer Belange: Behördengänge, Job-/Wohnungssuche |
| | Integration in den Universitätsalltag und in die lokale Umgebung | |

Quelle: eigene Darstellung.

Die genannten Ideen und Verbesserungsvorschläge für die Integration von Freemovern zentrieren sich ebenfalls um die oben genannten Unterstützungsbedarfe. Unterstützungen beim *Erlernen der deutschen Sprache, Lern- und Studienkultur* über den Zeitraum nach dem erfolgreichen Bestehen des Sprachtests hinaus werden angeregt (da ein bestandener Sprachtest nicht gleichzusetzen ist mit dem Beherrschen der deutschen Sprache für die Bewältigung der Prüfungen an der Universität). Gefordert werden interkulturelle Angebote, die Kontakte zwischen deutschen und ausländischen Studierenden eröffnen.

Das klingt alles sehr (profan und) instrumentell, mitunter utilitaristisch. Das ist es aber nicht (allein). Es geht um Identität, um Freiheit und Geborgenheit zugleich, wenn man das gestellte Daseinsthema hinreichend tief begreifen will.

Außerdem werden vor allen *Vernetzungsstrukturen* mit anderen studentischen Vereinen aus dem Kölner Raum, aber auch außerhalb der Region, mit der Stadt Köln und mit Unternehmen gewünscht.

Die Frage, ob die Bedarfe nach den Gruppen (Programmstudierende, Freemover und BildungsinländerInnen) variieren, wird entweder verneint oder nicht beantwortet. Eine Hochschulgruppe betont, dass Programmstudierende aufgrund der Betreuung und infolge der Tatsache, dass sie in Deutschland keinen Abschluss anstreben, von vielen Problemen, die Freemover haben, nicht betroffen sind.

Bei der Frage nach dem Zeitraum der Unterstützung (vor/zum Studienbeginn, während des Studiums, zum Studienende) werden alle Zeiträume für wichtig erachtet. Allerdings sind die Bedarfe abhängig vom Zeitraum. Zum Studienbeginn überwiegen Informationsbedarfe, Sprachkurse und Vernetzungsstrukturen mit universitären Einrichtungen und Behörden der Stadt Köln. Zum Studienende hin werden Kooperationen mit Unternehmen für das Schreiben der Abschlussarbeit und den Berufseinstieg gewünscht.

## 4.4 Angebotspalette der Hochschulgruppen

Die Angebote der Internationalen Hochschulgruppen sind vielfältig und zentrieren sich um Angebote der Informationsverbreitung (Mailverteiler, Facebook), der Gesellung (Veranstaltungen, Ausflüge, Sport, Kulturelles), Integrationshilfen (Hilfen bei der Wohnungssuche, Begleitung bei Behördengängen, Beratung in Rechtsfragen). Konkrete studienbezogene Angebote wie das Organisieren von Lerngruppen bietet nur eine Internationale Hochschulgruppe an.

*Abbildung 4: Angebotspalette der Internationalen Hochschulgruppen*

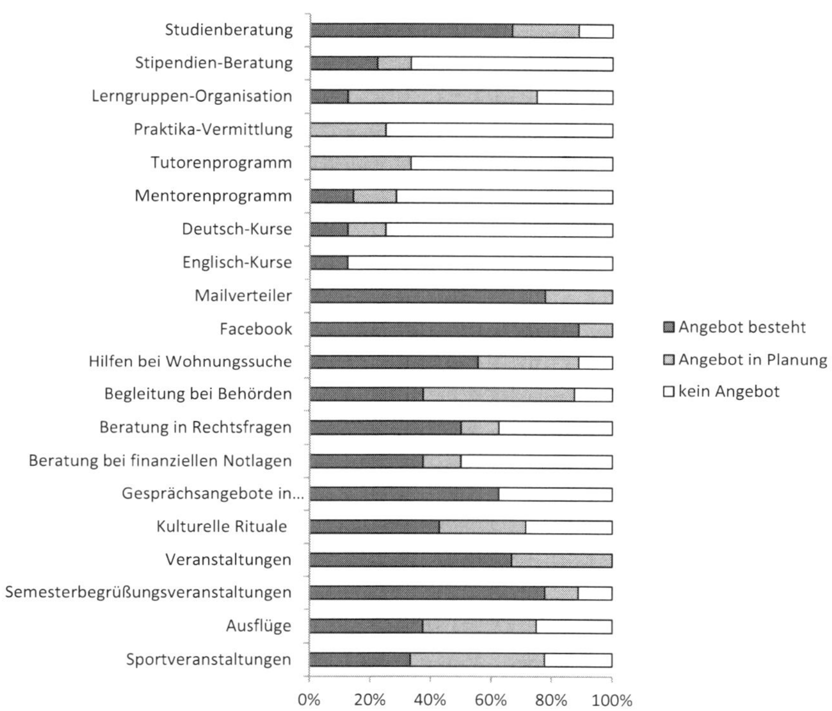


Quelle: eigene Darstellung.

## 4.5 Kooperationspartner der Hochschulgruppen und angestrebte Kooperationswünsche

Bei der Frage nach den Kooperationspartnern der Internationalen Hochschulgruppen ergibt sich ein recht einheitliches Bild, das Abbildung 5 zeigt. Untereinander sind die Internationalen Hochschulgruppen gut vernetzt. Sieben von neun geben eine bilaterale oder multilaterale Zusammenarbeit an; zwei machen keine Angaben. Alle neun Hochschulgruppen stehen in Kontakt mit dem Akademischen Auslandsamt und dem AStA. Somit bestätigt sich das in Abbildung 2 zentrierte Kommunikationsdreieck. Dieses können wir bedingt zu einem Kommunikationsviereck ausweiten, denn sechs Internationale Hochschulgruppen arbeiten mit dem Kölner Studentenwerk zusammen.

Drei Internationale Hochschulgruppen geben Kontakte zu Fachschaften an, die dann personenbezogen geknüpft sind und daher u. U. einer zeitschnellen Variation unterliegen.

Auffällig ist, dass nur eine Gruppe Kontakte zur Studienberatung hat, und keine Gruppe in Kontakt mit dem Rektorat oder den Studiendekanen der Fakultäten steht.

*Abbildung 5: Vernetzung und Kooperationspartner der Internationalen Hochschulgruppen*

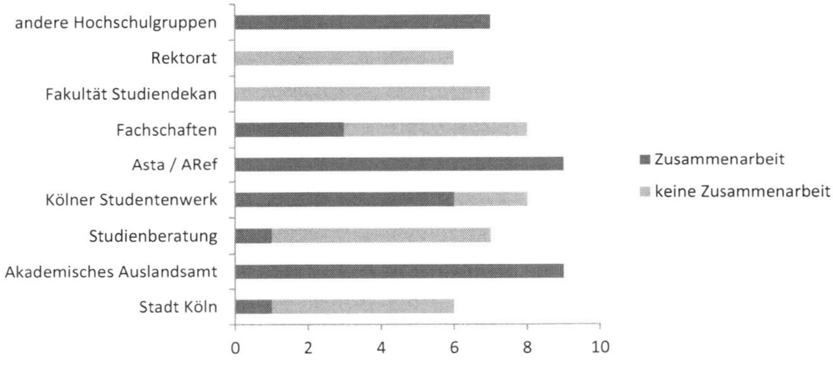


Quelle: eigene Darstellung.

Bei der Frage nach angestrebten Kooperationswünschen äußern sich sechs Gruppen.

Vier Gruppen, die bisher keine Kontakte zur Stadt Köln haben, wünschen sich diesen. Speziell sind hier Kontakte zur Ausländerbehörde gefragt. Dies ist gerade vor dem Hintergrund zu bewerten, dass die Fragen zum Aufenthalt ständig präsent sind.

Kontakte zur jeweiligen nationalen Botschaft werden von zwei Gruppen angestrebt.

Auf der Ebene des Studiums wünscht eine Gruppe Kontakte zur Studienberatung und zu den Fachschaften.

In Bezug auf die abgefragte Beziehung zu außeruniversitären Einrichtungen werden von drei Gruppen Kontakte zu Unternehmen und zum DAAD gewünscht, wobei eine Unterstützung bei der Studienförderung und bei der Vermittlung von Praktika angestrebt sowie sich Chancen für den Berufseinstieg erhofft werden.

### 4.6 Offener Dialog für Ideen

Der Aufforderung im Fragebogen, einen offenen Dialog für Ideen einzuleiten, folgte leider nur eine der befragten Gruppen.

Kritisch angemerkt wird, dass die Universität zu Köln zwar die positive öffentliche Resonanz der Präsenz von Internationalen Hochschulgruppen begrüßt, aber nicht die Kooperation mit den VertreterInnen der Internationalen Hochschulgruppen sucht und es keine materielle/finanzielle Unterstützung seitens der Universität gibt (hier bezieht man sich auf die Diskussionen in der Hochschulrektorenkonferenz 2012).

Gerade vor der auf der Homepage des Akademischen Auslandsamts festgelegten Definition von Internationalen Hochschulgruppen als „faktisch[e] Organe dieser Hochschule, mit allen Rechten und auch Pflichten" (www.uni-koeln.de/international) sollte hier eine Neustrukturierung der Zusammenarbeit erfolgen.

## 5 Zusammenfassender Überblick der quantitativen Befragung

Eine Kultur der Gastfreundschaftlichkeit setzt einen Kulturwandel der Universität (zum aktuellen Wandel der Hochschule: Wehrlin 2011) voraus. Gemeint ist eine Universität, die ihre Orientierungen in Richtung Internationalisierung weitet und auf der Basis einer gastfreundschaftlichen Lebenswelt die Begegnungen der unterschiedlichen Aktionspartner begleitet. Hier siedelt sich die neuere Diversity Management-Debatte an (Klein/Heitzmann 2012; Bender/Schmidbaur/Wolde 2013; Heitzmann/Klein 2012). Diskutiert wurde dies schon bei der Gruppe der minderjährigen StudienanfängerInnen bei Schulz-Nieswandt/Langenhorst (2012, 51).

Das Internationalisierungsprofil der Universität zu Köln zeigt diese gelebte Gastfreundlichkeit aus unterschiedlichen Blickwinkeln. Für eine zahlenmäßig kleine Studierendenschaft (Programmstudierende, Post doc) werden *top down*-Excellenzkonzepte forciert. Das fügt sich – kritisch gesehen – in ein Zentrum-Peripherie-Muster von relativen Insidern und relativen Outsidern.

Dagegen versuchen *bottom-up* unterschiedliche Akteure, für eine breite Studierendenschaft Konzepte einer gelebten Interkulturalität (Yousefi/ Braun 2011) zu etablieren.

Unter der Annahme, dass die Universität ihre Zielfunktion tatsächlich in einer gelebten Gastfreundschaftlichkeit für alle Studierenden definieren und realisieren will (siehe Leitlinien zur Internationalisierung der Universität zu Köln auf www. http://verwaltung.uni-koeln.de/international), ist die *bottom-up*-Ebene gefragt, sich zu positionieren. Dabei geht es um Kooperation, Vernetzung innerhalb der universitären Ebenen, aber vor allem um die Etablierung außeruniversitärer Vernetzungsstrukturen. Somit könnten die Internationalen Hochschulgruppen die Rolle einer Brückenfunktion übernehmen und zum gegenseitigen Verständnis der unterschiedlichen Interessen beitragen. Dazu müssten sich die Internationalen Hochschulgruppen allerdings nicht nur intern umstrukturieren und universitär (KStW, Fachschaften, Studienberatung, andere Hochschulgruppen etc.) sowie außeruniversitär (Behörden der Stadt Köln, kooperierende Unternehmen) vernetzen, sondern auch Partner in den leitenden Ebenen der Universität (Dekanats- und Rektoratsebene) finden.

*Abbildung 6: Internationalsierung und Interkulturalität*

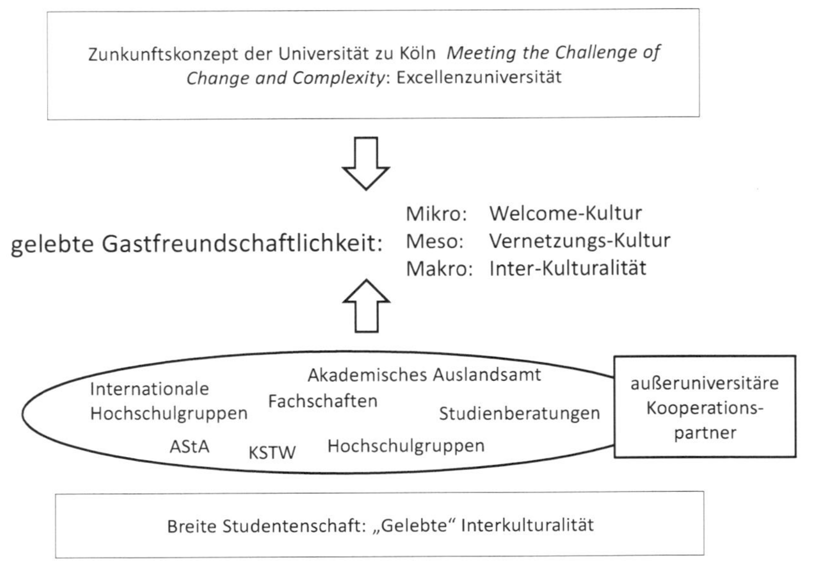


Quelle: eigene Darstellung.

Es geht demnach darum, auf allen drei Ebenen, der Mikro-, Meso- und Makroebene, tätig zu werden. In einem Klima der Offenheit gegenüber ausländischen Studierenden sollte die universitäre *Welcome-Kultur* ausgebaut werden.

Hier geht es aber um mehr als um eine *makulatorische* Symbolik.

Hier gilt es, gerade den Start an der deutschen Hochschule zu begleiten, in dem auf zielgruppenzentrierte und die Person des ausländischen Studierenden ansprechende (face to face-) Angebote abgestellt wird. Erfahrungen aus der US-amerikanischen Literatur zeigen, dass Mentoringsysteme hierbei erfolgversprechend sind (Wright-Harp/Cole 2008; Eby/Rhodes/Allen 2010; Greindl u. a. 2013). Zukunftgerichtet heißt dies: Diversität verschiedener Ausdrucksformen des Mentorings ist zu fördern, also die Variabilität des Mentorings über den Zeitablauf und von Person zu Person sowie Präsenz und Zugänglichkeit für alle Studierenden.

Die *Vernetzungen der Stakeholder* des universitären und außeruniversitären (stadtbezogenen) Lebens gilt es zu optimieren, und zwar in Richtung auf Transparenz und Nachhaltigkeit.

Und letztendlich geht es um ein *interkulturelles Zusammenleben und Zusammenarbeiten* auf dem – ganzen – Campus. Dabei geht es um eine allgemeine Atmosphäre, nicht nur um die Lehr-Lern- und Forschungskultur.

## III. Validierung der Ergebnisse im Rahmen einer Gruppendiskussion mit VertreterInnen Internationaler Hochschulgruppen der Universität zu Köln

Die Ergebnisse der quantitativen Befragung haben wir im Januar 2014 VertreterInnen der Internationalen Hochschulgruppen vorgestellt und unter vier von uns aufgestellten Validierungsaspekten diskutiert.

Die Validierungsaspekte lassen sich den folgenden **Analysedimensionen** zuordnen:

### 1. Öffnung der Internationalen Hochschulgruppen für BildungsinländerInnen

Unter der These einer gelebten Interkulturalität (Yousefi/Braun 2011) ist die weitere Öffnung der Internationalen Hochschulgruppen für BildungsinländerInnen[8] und auch deutschen Studierenden (möglicherweise auch mit Migrationshintergrund) zu diskutieren. In diesem Sinne gilt es, eine Erweiterung des Angebots in Richtung zielgerichteter Integration auch deutscher Studierender vor dem Hintergrund des Ausbaus spezieller Programme, beispielsweise von Mentoring-Systemen für Freemover, zu überprüfen.

Zentrale Fragen sind: *Ist die Einbeziehung von BildungsinländerInnen seitens der Internationalen Hochschulgruppen gewünscht und wird diese angestrebt? Welche Maßnahmen könnten dazu beitragen, gegenseitiges Interesse zu wecken?*

2. Vernetzung der Internationalen Hochschulgruppen mit universitären Einrichtungen

Die Vernetzung der Internationalen Hochschulgruppen mit universitären Einrichtungen zeigt eine Dominanz bei Institutionen, die auch Themenfelder der Internationalisierung zum Ziel haben. Reger Kontakt besteht zu den anderen Internationalen Hochschulgruppen, mit dem Akademischen Auslandsamt und dem AStA. Unter der These einer gelebten Interkulturalität – auch auf Verbindungsebenen zur Dozentenschaft – ist die Ausweitung des Kontaktnetzes zu universitären Einrichtungen zu diskutieren.

Zentrale Fragen hierbei lauten: *Werden Kontakte seitens der Internationalen Hochschulgruppen gewünscht, wie könnten hier Kooperationsstrukturen ausgestaltet sein? Welchen Part streben die Internationalen Hochschulgruppen an, und welchen wünschen sich die Internationalen Hochschulgruppen bei den anderen Einrichtungen der Universität?*

3. Vernetzung der Internationalen Hochschulgruppen mit außeruniversitären Einrichtungen

Die Vernetzung der Internationalen Hochschulgruppen mit Einrichtungen der Stadt Köln und weiteren außeruniversitären Einrichtungen stellt sich derzeit als eher personengebunden bzw. personeninitiiert dar. Die Internationalen Hochschulgruppen profitieren hier von persönlichen Kontakten ihrer Mitglieder oder ehemaliger Mitglieder.

Gefragt werden muss: *Welche Ideen seitens der Internationalen Hochschulgruppen gibt es, zielgerichtete Vernetzungen aufzubauen und in wel-*

8 Studierende mit ausländischer Staatsbürgerschaft, die aber ihre Hochschulzugangsberechtigung in Deutschland erworben haben.

*chem strukturellen Rahmen sollte dies erfolgen (eher Verweis an Ämter/ Vereine/Institutionen der Stadt Köln oder eher aktive Zusammenarbeit)?*

4. Generationenwechsel bei den Internationalen Hochschulgruppen zur Sicherstellung der Nachhaltigkeit

Von den neun befragten Internationalen Hochschulgruppen (Auswahlkriterium: Zusammenarbeit mit dem Akademischen Auslandsamt) haben sich drei 2013 und 2012 gegründet. Von den derzeit auf der Homepage (Stand 1.12.2013) des Akademischen Auslandsamtes präsentierten Internationalen Hochschulgruppen sind zwei bis drei in Auflösung. Somit stellt sich die Frage nach der Gestaltung des Generationenwechsels zur Sicherstellung einer mittel- und längerfristigen Präsenz einer Internationalen Hochschulgruppe, gerade vor der Verkürzung der Studiendauer im Rahmen der Bachelor- und Masterstudiengänge (vgl. auch Liesner/Lohmann 2009).

Gefragt werden muss: *Wie stellen die Internationalen Hochschulgruppen den Generationenwechsel sicher, welche Schwierigkeiten stellen sich bezüglich einer nachhaltigen Präsenz und wie kann diese etabliert werden?*

## 6 Angesprochene Problembereiche der Internationalen Hochschulgruppen

Vorweg wollen wir die in der Diskussion genannten dringlichsten Probleme der Internationalen Hochschulgruppen benennen. Anzuführen sind:

- Satzungshindernisse für die Öffnung der Internationalen Hochschulgruppen für Studierende anderer Hochschulen und Absolventen,
- Gewinnung von aktiven Mitgliedern bzw. Vorstandsnachfolgern,
- Sichtbarkeit der Internationalen Hochschulgruppen im Hochschulgefüge,
- Hilfen bei der Vermittlung von Praktika und Stellenangeboten nach dem Studium,
- Ehrenamtliche Tätigkeit, die zwar gerne geleistet wird, aber nach Unterstützung durch die Universität zu Köln fragt,
- Wunsch nach Qualifizierung durch die Universität,
- Vernetzung mit der Universität zu Köln und dort mit den Entscheidungsträgern.

Hier können Maßnahmen der Hochschule ansetzen.

# 7 Validierungsaspekte der Befragung für den ergänzenden Workshop – Ergebnisse

## 7.1 Zur Zusammensetzung der Internationalen Hochschulgruppen

Während in den Internationalen Hochschulgruppen grundsätzlich ein hoher Anteil an Freemovern vorzuherrschen scheint, zeigten die Ergebnisse der quantitativen Befragung der Internationalen Hochschulgruppen einen hohen Anteil an BildungsinländerInnen und an Deutschen in der Zusammensetzung einiger Hochschulgruppen sowohl in der North American Students Association genauso wie in der Koreanischen Hochschulgruppe der Universität zu Köln ein Anteil von 10 % BildungsinländerInnen und 50 % Deutschen, in der Lateinamerikanischen Hochschulgruppe immerhin noch ein Anteil von 40 % BildungsinländerInnen und 10 % Deutschen. Dies ist insofern interessant, da die Befunde aus der Studie von Stemmer (2013, 145-146, 152, 184-186, 231-232, 240), hier insbesondere auch die Ergebnisse aus Studierendenbefragungen anderer Hochschulen, eher ein Bild des fehlenden Interesses deutscher Studierender am Kontakt zu ausländischen Studierenden bzw. fehlender Kontaktmöglichkeiten zu deutschen Studierenden zeigen.

Zu konstatieren ist, dass Internationale Hochschulgruppen an der Universität zu Köln eine gute Möglichkeit des gegenseitigen besseren Kennenlernens, der Integration und der Zusammenarbeit zwischen deutschen und ausländischen Studierenden bieten.

### 7.1.1 Öffnung der Internationalen Hochschulgruppen für BildungsinländerInnen

BildungsinländerInnen und deutsche Studierende sind in den Internationalen Hochschulgruppen *bereits präsent.*

Insbesondere in der Gründungsphase sind es schwerpunktmäßig BildungsinländerInnen und deutsche Studierende, die die Gründung und Etablierung der Internationalen Hochschulgruppen gestalten. Hier wird ein großes Interesse bestätigt, mehr über die Kultur und Sprache des jeweiligen Heimatlandes ausländischer Studierender erfahren zu wollen. Als Grund für die Unterrepräsentation von BildungsausländerInnen in der Phase der Gründung, die in enger Kooperation mit dem Akademischen Auslandsamt erfolgt, werden mangelndes Zeitbudget (Konzentration auf

Studium, Job zur Finanzierung des Lebensunterhalts) und ein Zögern, Verantwortung übernehmen zu wollen bzw. können, genannt.

Inhaltlich scheinen spezifische Interessen für die Bildung einer Internationalen Hochschulgruppe ausschlaggebend zu sein. BildungsausländerInnen erhoffen sich Kontakt zu Landsleuten, deutsche Studierende haben ein Interesse, andere Kulturen kennenzulernen.

### 7.1.2 Öffnung der Internationalen Hochschulgruppen für Studierende anderer Kölner Hochschulen

Grundsätzlich erlaubt die Satzung der Internationalen Hochschulgruppen, die an der Universität zu Köln angesiedelt sind, dass nur Studierende der Universität zu Köln auch ordentliche Mitglieder der Vereine sind. Dies bedeutet, dass Studierende aus anderen Kölner Hochschulen oder den Kölner Fachhochschulen, die häufig auch an den Vereinsaktivitäten der Internationalen Hochschulgruppen teilnehmen oder dort aktiv sind, nicht wählen oder gewählt werden dürfen.

Hier ist die Satzung insbesondere dann ein Hindernis, wenn Nachfolger für die Vorstände, die die Verantwortung der Vereinsarbeit übernehmen, gesucht werden. Beispiele wurden in der Diskussion dahingehend genannt, dass Aktive der Hochschulgruppen häufig auch aus der Sporthochschule und Musikhochschule kämen und auch Fachhochschulstudierende sehr engagiert seien, als mögliche Nachfolger für eine Organisationstätigkeit aber verloren gingen.

Der zentrale Problempunkt ist also: *VertreterInnen anderer Kölner Hochschulen fallen als aktive und engagierte Mitglieder für die Vorstandsarbeit der Internationalen Hochschulgruppen derzeit weg.*

### 7.1.3 Öffnung der Internationalen Hochschulgruppen für Aktivität von Absolventen bzw. ehemaligen Studierenden der Universität zu Köln

Die Mitgliedschaft in den Vereinen endet derzeit mit der Exmatrikulation bzw. nach dem erfolgreichen Abschluss des Studiums und bei einem Hochschulwechsel. Absolventen ist es so nicht mehr möglich, offizielle Verantwortung in den Hochschulgruppen zu übernehmen. Wenn dieser Aspekt geändert wäre, könnte

- die Verbindung zu den Absolventen besser gehalten werden,
- ihre Erfahrung in der Vorstandstätigkeit und in der Führung der Gruppe noch genutzt werden.

Aber auch

- eine Übergangszeit für Vereine, die sonst „sterben“ würden, aufgrund eines kurzfristigen Nachfolgermangels, könnte durch ein vorübergehendes Engagement eines früheren Vorstandsmitgliedes ermöglicht werden.

Die Problematik ist: *Die derzeitige Regelung erlaubt kein aktives Engagement von Absolventen als ehemalige Mitglieder der Internationalen Hochschulgruppen.*

## 7.2 Zur Vernetzung der Internationalen Hochschulgruppen

Internationale Hochschulgruppen an der Universität zu Köln bieten eine breite Angebotspalette zur Unterstützung der Studierenden (siehe oben Abbildung 4). Die Haupttätigkeitsgebiete sind Beratung in Studienfragen aber auch persönlichen Krisen, Hilfen bei der Wohnungssuche oder Behördengängen und auch die Organisation von Veranstaltungen kultureller Art.

Wenig oder kein Angebot besteht bei der Organisation von Lerngruppen, einer Vermittlung von Praktika, einer Tutorenbegleitung und beim Mentoring. Argumentiert wird, dass Lerngruppen schwierig zu organisieren seien, da die Mitglieder der Internationalen Hochschulgruppen an den unterschiedlichsten Fakultäten studieren. Die Vermittlung von Praktika bzw. Arbeitsstellen, die dringend gewünscht wird, scheitere auch an den fehlenden Kontakten. Die Strategien der tutoriellen Begleitung und des Mentorings seien insbesondere eine Zeit- und Ressourcenfrage.

### 7.2.1 Abgrenzung der Tätigkeits- und Zuständigkeitsbereiche zu anderen universitären und außeruniversitären Einrichtungen zur Vermeidung von Doppelangeboten

In der Diskussion wurde deutlich, dass zum Teil die Anfragen, die an die Internationalen Hochschulgruppen herangetragen werden, manchmal fast zu überfordern scheinen, einmal in der Masse zu Stoßzeiten, wie zu Semesteranfang, andererseits auch in der gefühlten Kompetenz, als auch in der Abgrenzung zu Möglichkeiten und Zuständigkeiten für bestimmte Sachverhalte, sei es beispielsweise in der Abgrenzung zu Anfragen aus den Heimatländern, die z. T. häufig zu sein scheinen, aber thematisch nicht in den Bereich der Internationalen Hochschulgruppen gehörten und Zeit kosten würden.

Ebenso scheint es Doppelangebote zu geben im Hinblick auf die anderen Einrichtungen in und um die Universität zu Köln. Hier stellt sich die Frage in der Diskussion und auch der qualitativen Teil-Befragung, an der u. a. die Islamische Hochschulvereinigung Köln (IHV), die Evangelische Studierenden Gemeinde an den Hochschulen in Köln (ESG), die Katholische Hochschulgemeinde Köln (KHG) sowie VertreterInnen des Kölner Studentenwerks (KStW) und der Verwaltung der Universität zu Köln teilnahmen (Stemmer 2014), inwieweit eine stärkere Abgrenzung der Tätigkeitsbereiche zwischen den für die Belange der ausländischen Studierenden tätigen Einrichtungen hilfreich wäre, auch durch Verweise (Triage) an die jeweiligen Zuständigkeitsbereiche.

Hierbei wurden insbesondere die in Abbildung 7 dargestellten Akteure aufgerufen, sich direkter auszutauschen, zusammenzuarbeiten und u. U. auf die anderen Institutionen und deren direkte Ansprechpartner zu verweisen. Eine Lösung könnten Sondierungsgespräche und Vereinbarungen innerhalb eines zu initiierenden Runden Tisches sein.

*Abbildung 7: Austausch und Vernetzung der Akteure: Ein Runder Tisch.*

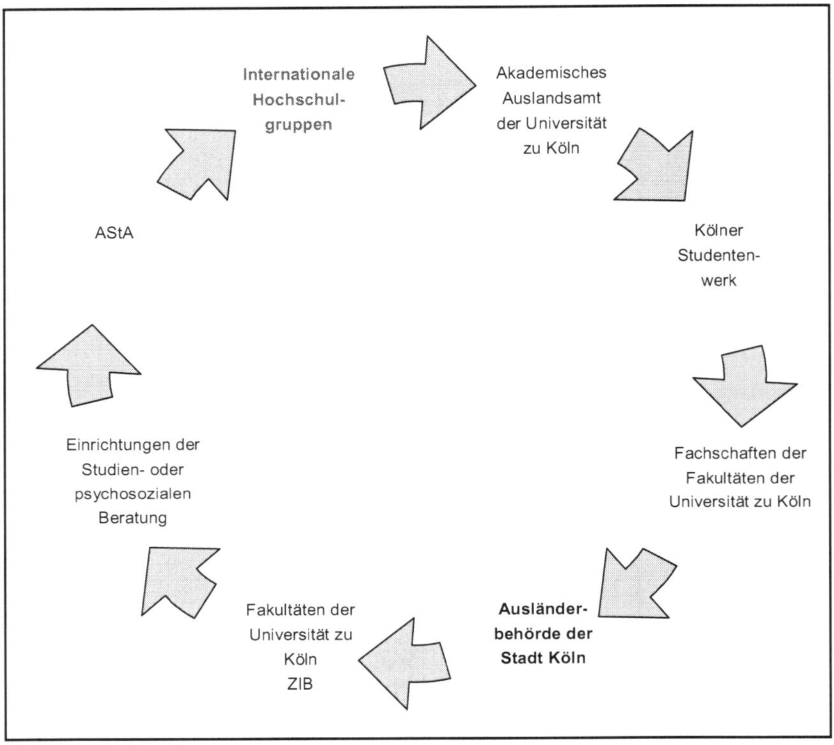

**Internationale Hochschulgruppen**

Akademisches Auslandsamt der Universität zu Köln

Kölner Studentenwerk

Fachschaften der Fakultäten der Universität zu Köln

**Ausländerbehörde der Stadt Köln**

Fakultäten der Universität zu Köln ZIB

Einrichtungen der Studien- oder psychosozialen Beratung

AStA

Quelle: eigene Darstellung.

In den qualitativen Befragungen (Stemmer 2014; Köstler/Marks 2014) wurde eine Abgrenzung nach vorwiegenden Hauptzuständigkeitsgebieten wie kultur- und länderspezifischen Angeboten (Internationale Hochschulgruppen), fachspezifischen Beratungen (Fakultäten, Fachschaften), finanziellen Möglichkeiten (z. T. AStA), Themen des Aufenthaltsrechts sowie ausländerrechtlichen und arbeitsrechtlichen Fragen (Akademisches Auslandsamt), aber auch Synergieeffekte zwischen den Einrichtungen thematisiert. So haben, wie auch in der Diskussion deutlich wurde, Internationale Hochschulgruppen durch den Vertrauensvorschuss ihrer Mitglieder und den Zugang „von Studierenden zu Studierenden" die Möglichkeit, näher an psychosoziale und persönliche Themen heranzukommen und dann die sinnvolle Verweisung als Triage an die professionellen Stellen einzuleiten.

Hier kommt den Internationalen Hochschulgruppen eine Vertrauens- und Vermittlerfunktion zu. Der Vorteil der Internationalen Hochschulgruppen liegt darin, dass Tipps und Erfahrungen von Studierenden zu Studierenden eher akzeptiert und gehört werden und dass schnelle informelle Hilfe möglich ist (Stemmer 2014).

Eine Fragestellung, die sich ergab, ist, ob nicht gerade die Ausländerbehörde der Stadt Köln in diesen Kreis stärker zu integrieren eine wichtige zukünftige Aufgabe wäre, vor dem Hintergrund der in der Diskussion durchweg prägnant geschilderten großen Ängste, die bei diesen Themen vorherrschen (vgl. auch Chardey 2015). Denn die Lebenslage ausländischer Studierender sei in nicht zu unterschätzendem Maße mit den ausländerbehördlichen Thematiken verknüpft.

In welcher Weise der stärkere Austausch geschehen könnte, konnte nicht abschließend geklärt werden. Ein Weg, der dem Rechnung tragen könnte, könnte eine geplante und vorgestellte Initiative des Akademischen Auslandsamts und der Ausländerbehörde der Stadt Köln zu einer ermöglichten Hospitation von ausgewählten Mitgliedern der Internationalen Hochschulgruppen sein, aber auch im Gegenzug eine Sensibilisierung der Verantwortlichen der Ausländerbehörde für die Situation und die Ängste der ausländischen Studierenden. Hier scheint in Köln die Ausländerbehörde ein guter und bereiter Kooperationspartner zu sein.

Wir halten also fest: *Eine bessere Abgrenzung nach Haupttätigkeitsbereichen und eine Verweisungspraxis in Richtung auf die zuständigen Einrichtungen sowie eine stärkere Nutzung der Synergieeffekte durch Kooperationen mit den Organisationen scheinen sinnvoll. Gerade die Ausländerbehörde der Stadt Köln und VertreterInnen der Universität zu Köln selbst scheinen hier besser integriert werden zu müssen.*

### 7.2.2 Vernetzung der Internationalen Hochschulgruppen mit universitären Einrichtungen

Eine offizielle Zusammenarbeit der Internationalen Hochschulgruppen mit der Universität zu Köln zur Nutzung von Synergieeffekten, Koordination und verbesserten Betreuung ist derzeit noch nicht vorhanden, wie in der Diskussion deutlich wurde, wird aber allgemein stark gewünscht. Insbesondere auch auf Rektoratsebene sollte hier ein klares Statement gegenüber den Hochschulgruppen erfolgen.

Erste Versuche des Aufbaus von Kooperationsstrukturen der Internationalen Hochschulgruppen mit Organen der Universität auf der Dozentenebene existieren bereits, sind im Aufbau oder in der Planung: Das Akademische Auslandsamt initiiert derzeit ein *Academic Supervisor-Programm*. In dessen Rahmen wird für jede Internationale Hochschulgruppe ein Professor als Kontaktperson gesucht. Der genaue Zielbereich dieser Beziehung ist in der praktischen Umsetzung abzustecken. Anvisiert ist, dass der Dozent Funktionen des Mentorings, der Kontakte-Vermittlung sowie des Informationsaustausches zwischen der Dozenten- und Fakultätsebene und der Paten sowie der Internationalen Hochschulgruppe übernehmen soll.

Vorgeschlagen von Seiten der Internationalen Hochschulgruppen werden Mentoring-Programme auf der Fakultätsebene und/oder Fachschaftsebene bzw. die Zusammenarbeit mit bestehenden Mentoring-Programmen wie beispielsweise aus dem Programm Studienstart International. Diese sollten der Vernetzung zwischen deutschen und ausländischen Studierenden dienen und dabei sowohl wissenschaftliche Kooperationen als auch gegenseitige Unterstützungen im Alltagsgeschehen/Freizeit beinhalten. Hierbei sei wichtig, verbindliche Vereinbarungen mit den jeweiligen Mentoring-Partnern der ausländischen Studierenden zu treffen. Die Internationalen Hochschulgruppen seien auch gerne bereit, verbindliche Vertrauenspersonen aus ihren Reihen zu stellen.

Eine Vernetzung der Internationalen Hochschulgruppen mit der Studienzulassungsstelle und Studienberatung der Universität könnte derart sein: Die Internationalen Hochschulgruppen hinterlegen Flyer oder entsprechende PDF-Dateien bei den zuständigen Universitätsmitarbeitern und -mitarbeiterinnen, welche diese Flyer den ausländischen Studierenden bei deren Einschreibung übergeben.

### 7.2.3 Vernetzung der Internationalen Hochschulgruppen mit außeruniversitären Einrichtungen

Die Kooperation der Internationalen Hochschulgruppen mit Organen der Kölner Fachhochschulen wird gewünscht. Auf der AStA-Ebene und auch über den Studierendenförderungsfonds existiert in diesem Zusammenhang schon eine Vernetzung, die als Ausgangsbasis für eine weitere Netzwerkbildung dienen könnte.

Die universitätsübergreifende Vernetzung ist ein aktuelles Thema. Dabei geht es um von den Internationalen Hochschulgruppen initiierte Vernetzungen mit außeruniversitären Einrichtungen (Behörden, Unternehmen), aber auch um Vernetzungen, die mit Unterstützung der Universität als Kontaktanbahner und Kontaktmanager erfolgen.

Vorgeschlagen wird seitens der Internationalen Hochschulgruppen eine Unterstützung seitens der Universität bei der Anbahnung von Vernetzungen mit Behörden der Stadt Köln und Unternehmen. Z. B. sind Tandemlösungen im Sinne der Begleitung von Mentoren bei Behördengängen angedacht. Gerade im Hinblick auf die Phase des Studienabschlusses/Berufseinstiegs wünschen sich die Internationalen Hochschulgruppen Kontakthilfe zu deutschen Unternehmen. Konkret wird das Beispiel von Bildungsmessen an der Universität zu Köln genannt bzw. Kontakthilfe zu möglichen Arbeitgebern auch außerhalb der MINT-Fächer. Auch hier wird ein Anknüpfen an bereits bestehende Strukturen wie das Career Center der Universität zu Köln befürwortet.

## 7.3 Zur Positionierung der Internationalen Hochschulgruppen im Aktionsgefüge

Hier können verschiedene Befunde festgehalten werden:

- Eine Rollendefinition der Akteure (Internationale Hochschulgruppen, ISAC und Akademisches Auslandsamt) ist erforderlich. Ziele sollten dabei einerseits die Optimierung des Informationsflusses und andererseits die Stabilisierung der Internationalen Hochschulgruppen vor dem Hintergrund des Generationenwechsels sein.
- Die öffentliche Präsenz bzw. Sichtbarkeit der Internationalen Hochschulgruppen sollte verbessert werden; ferner sind die Internetpräsenz und insgesamt das Leben/die Aktivitäten der Internationalen Hochschulgruppen verbesserungs- bzw. ausbaufähig. Ein verstärktes Verlinken zwischen den einzelnen Hochschulgruppen wäre anzustreben, Instrumente wie Facebook und Doodle sind aufzugreifen.
- Die Rolle der Universität bei der Unterstützung ist festzulegen. Erforderlich ist eine Unterstützung bei der Internetpräsenz, eine bessere Sichtbarkeit der Internationalen Hochschulgruppen auf der Homepage der Universität zu Köln, die Präsenz der Internationalen Hochschulgruppen auf dem Campus, eine offizielle Bekundung der Universität zu den Internationalen Hochschulgruppen, die Sichtbarkeit für die jeweiligen Landsleute gleich zu Beginn ihres Studiums, der Einbezug in die offizielle Begrüßung durch die Hochschulleitung.

## 7.4 Zur Sicherstellung der Nachhaltigkeit

Vor dem Hintergrund der Verkürzung der Studienzeiten im Rahmen des Bologna-Prozesses gestaltet sich der Generationenwechsel bei den Internationalen Hochschulgruppen zunehmend schwierig. Auch gibt es rechtliche und verwaltungsrechtliche Vorschriften, insbesondere hatten wir weiter oben bereits auf das Problem hingewiesen, dass Studierende einer Kölner Fachhochschule keine Vorstandstätigkeiten in einer Internationalen Hochschulgruppe der Universität innehaben können.

Die TeilnehmerInnen des Workshops sahen sich in ihrer Vereinsarbeit insbesondere mit den folgenden Problematiken konfrontiert:

### 7.4.1 Gewinnung der Mitglieder zur aktiven Mitarbeit

Die Hochschulgruppen stellen zum Teil ein relativ geringes Interesse ihrer Landsleute selbst am Engagement fest. Der Hauptfokus der ausländischen Studierenden liege auf der schnellen Beendigung des Studiums und Informationsgewinnung zur erfolgreichen Erreichung des Ziels.

Die chinesische Hochschulgruppe beispielsweise löst das Problem, genügend aktive Mitglieder für ein Fortbestehen und für die Vereinsarbeit zu haben, in der Weise, dass es nur möglich ist, überhaupt Mitglied zu werden, wenn man auch aktiv wird. Zu Semesteranfang sind viele aktiv, in der Klausurphase oft nur der Vorstand. Es wird grundsätzlich entschieden, wie viele Leute gebraucht werden, so bei Veranstaltungen wie z. B. Partys entsprechend weniger, manchmal werden nur über Doodle Freiwillige unter den Mitgliedern gesucht.

Aber hier scheinen sich die Hochschulgruppen zu unterscheiden. Die meisten Gruppen, so die lateinamerikanische, die nordamerikanische, die georgische und die arabische, freuen sich über Mitglieder, die aktiv werden, aber jeder kann Mitglied werden, auch wenn er sich nicht aktiv engagieren kann/will.

Festgestellt wurde, dass, je mehr Gemeinschaft und Verknüpfungen untereinander gegeben sind, je mehr Freundschaften innerhalb der Hochschulgruppen bestehen, desto größer wird auch die Zahl der aktiven Mitglieder (positiver Effekt der Vergemeinschaftung).

Die Beispiele zeigen, wie unterschiedlich die Gruppen mit verschiedenen Instrumenten umgehen, die das Problem des kollektiven Handelns (grundsätzlich dazu: Bader 2014) lösen sollen.

Gerade die arabische Hochschulgruppe bittet angesichts der politischen schwierigen Lage ihrer Länder und auch der religiösen Unterschiede explizit um Hilfe der Universität, dass nicht ein falscher Hintergrund, der potentielle Mitglieder abschreckt, vermutet oder kommuniziert wird.

### 7.4.2 Gewinnung von Vorstandsnachfolgern

Die derzeitige Satzungsregelung verhindert die Einbeziehung von Mitgliedern aus anderen Kölner Hochschulen oder Alumni in die aktive Vorstandsarbeit. Hier wird man eine Reform der Satzung thematisieren müssen.

Auf einer anderen Ebene liegt das Problem, dass viele Mitglieder Angst vor der Verantwortung eines Vorstandspostens haben.

Grundsätzlich betrachtet müssen sich zukünftige Vorstände gut in den Mechanismen der Universität auskennen und sollten im erforderlichen Umfang entsprechend gut deutsch sprechen.

### 7.4.3 Generationenwechsel und Wissenstransfer innerhalb der Internationalen Hochschulgruppen

Viele Funktionalitäten sind in der Person des jeweiligen Vorsitzenden gebunden, sowohl Wissen als auch Kontakte. Die Herausforderung ist hierbei, dass diese Ressourcen nicht bei einem Vorstandswechsel verloren gehen, also im Sinne eines kollektiven Gedächtnisses (Pethes 2013) kulturell weiter vererbt werden. Gerade wichtige Kontakte und Ansprechpartner sind sehr personengebunden. In der chinesischen Hochschulgruppe wechselt der Vorsitzende deshalb nur alle zwei Jahre.

Der eigene Charakter jeder Hochschulgruppe, bedingt durch die unterschiedliche regionale Herkunft, und auch die soeben geschilderte soziale Tatsache, dass wichtige Ressourcen an einzelnen Personen und deren Kontakten hängen, gehöre jedoch auch zum Wesen der Hochschulgruppen. Solche Gruppen sind, morphologisch betrachtet, in typischer Weise selbstorganisiert, informell, nicht professionalisiert (grundsätzlich zu diesem Problem: Schnurbein/Wiederkehr/Ammann 2013) und daher in durchaus fragiler Weise mit Kontinuitätsbrüchen konfrontiert. Dies mache zwar auch die Übergabe und eine Einheitlichkeit schwierig, der spezifische selbstorganisierte Charakter jeder Hochschulgruppe sei aber auf jeden Fall zu erhalten.

Vor diesem Hintergrund wurde die Organisation der Vorstandsübergabe grundsätzlich als problematisch gesehen und insgesamt kontrovers diskutiert. Bisher werden meist neue Vorstände von ehemaligen Vorstandsvorsitzenden eingearbeitet und vieles läuft über Mechanismen des *learning by doing*. Teilweise besteht bei einzelnen Hochschulgruppen durch selbsterfahrene Probleme der Wunsch, genau hier Strukturen zu schaffen, z. T. wurde genau dies jedoch auch abgelehnt mit dem Hinweis auf eine zu starke Formalisierung und Einzwängung der selbstständigen Freiwilligenarbeit (Rosenkranz/Weber 2012; Emmerich 2012).

Strukturen in den Internationalen Hochschulgruppen in dieser Hinsicht zu implementieren, wurde bei administratorischen Fragen und der Archivierung von Ansprechpartnern als sinnvoll gehalten. Bei einigen Internationalen Hochschulgruppen läuft die Übergabe jedoch schon strukturiert ab, strukturelle Hilfen und auch Problemlösungen werden zentral abgelegt, damit jede beteiligte/betroffene Person in der Lage ist, sie einzusehen und nach diesem Schema vorzugehen. Z. T. werden Wissensbestände auch in Ilias, dem E-Learning Portal der Universität zu Köln, hochgeladen. Teilweise wird auch eine Qualifizierung der Hochschulgruppen durch die Universität zu Köln gewünscht. Anvisiert werden Vorträge/Workshops/ Fortbildungen hinsichtlich der für die Vereinsführung wichtigen Themen, auch, um die Motivation innerhalb der Hochschulgruppen zu fördern.

### 7.4.4 Ressourcen im Ehrenamt

Grundsätzlich steht das Studium auch bei den Aktiven in den Hochschulgruppen an erster Stelle. Durch die Architekturen von Bachelor und Master ist das Studium straffer geworden, und die gleichzeitige Machbarkeit von Ehrenamtsrollen ist zu einem größeren Problem geworden. Viele Studierende müssen sich über das Studium hinaus zum Gelderwerb engagieren.

Das Engagement in den Internationalen Hochschulgruppen gestaltet sich insgesamt sehr zeitaufwändig, 2-4 h pro Woche reichen nicht aus. Ein Problem der Engagierten ist auch, dass sie sehr im Tagesgeschäft der Hochschulgruppen und den operativen Problemen dort eingebunden und gefangen sind und häufig keine Zeit bleibt, in eher grundsätzlicher und strategischer Hinsicht in Überlegungen zu Verbesserungen einzutreten.

Eine Praxis der Ermutigung und Anerkennung (vgl. auch Schürmann 2013) auch durch die offizielle Seite der Universitätsseite würde bedeuten, die Ehrenamtlichen in ihrer Arbeit für die Hochschulgruppen besser zu unterstützen, sei es logistisch oder organisatorisch beispielsweise durch einen Raum, durch Telefonunterstützung, Drucker, Kopierkarte oder der symbolischen Praxis, ein Mal im Monat eine freies Essen in der Mensa als Gratifikation und Anerkennung zu erhalten als Hinweis darauf, dass die Universität das Engagement wahrnimmt und schätzt.

Weitere Fragen zu Möglichkeiten der Unterstützung der ehrenamtlich Tätigen durch die Universität zu Köln wären, ob die finanzielle Basis der Hochschulgruppen für Veranstaltungen/Werbung/Flyer etc. gestärkt werden könnte, ob Mitglieder der Internationalen Hochschulgruppen als studentische MitarbeiterInnen gerade im Akademischen Auslandsamt angesiedelt werden könnten, um direkte side effects mit Blick auf Kompetenzen und Wissenstransfer zu generieren, ob studentische MitarbeiterInnen aber auch möglicherweise direkt für Arbeiten in den Hochschulgruppen gefördert werden könnten. Auch wurde diskutiert, ob es möglich wäre, Minijobs für Aktive in den Hochschulgruppen zu schaffen, die von der Universität zu Köln begleitet werden.

## 8 Rolle der Internationalen Hochschulgruppen bei einer geplanten Stakeholder-Konferenz

Die Internationalen Hochschulgruppen werden aufgefordert, für die geplante Stakeholder-Konferenz im Jahr 2015 ein Statement zu formulieren. Dabei sind *Ideen der Verbesserungen* zu benennen. Es sollte detailliert aufgezeigt werden, *wo* anzusetzen und *wie* dies umzusetzen ist. Beispiele wären: Nutzung eines Tandems bei Kontakten mit der Ausländerbehörde (Kultur der Behördengänge verändern), Ausarbeitung eines Mentoring-Programms, Verbesserung der Anerkennungskultur des Engagements in einer Internationalen Hochschulgruppe.

Folgende Vorschläge für Verbesserungen sind derzeit aktuell in Schlagworte fassbar:

- „Anreize schaffen, dass die Leute sich organisieren“, „Räume schaffen“ (Stemmer 2014),
- u. U. Änderung der Satzung der Internationalen Hochschulgruppen, um hochschulübergreifende Kooperationen zu ermöglichen,

- Internetpräsenz der Internationalen Hochschulgruppen optimieren, vor allem mit Blick auf die Aktivitäten auf dem Campus, und um dergestalt unkomplizierter und sichtbarer einen Zugang zu den Aktivitäten der Gruppen zu bahnen,
- Werbung für die Existenz/Arbeit der Internationalen Hochschulgruppen verbessern, insbesondere bei Veranstaltungen der Universität (Begrüßung ausländischer Studierender seitens der Universität im Sommersemester, Einsatz von Flyern bei der Studieneinschreibung) und der Stadt Köln (Begrüßungsveranstaltung im Wintersemester),
- Anerkennungs- und Förderkultur verbreiten, im Sinne der Schaffung von Motivationsanreizen für ein Engagement in einer Internationalen Hochschulgruppe (Anerkennung im Studium Integrale, Erwerb von credit points, Institutionalisierung von Beratungsangeboten für ausländische Studierende, vor allem indem dem AStA und dem Akademisches Auslandsamt Studentische Hilfskräfte als Studienberater für ausländische Studierende zur Verfügung gestellt werden),
- Alumni-Netzwerk ausländischer Studierender aufbauen (in diesem Zusammenhang sollten ausländische Studierende auch nach ihrem Studienabschluss noch [außerordentliche] Mitglieder der Internationalen Hochschulgruppen bleiben dürfen),
- personelle Stärkung durch Anknüpfen an vorhandenen Strukturen wie beispielsweise Studienstart International oder das Career Center der Universität zu Köln,
- von der Universität organisierte Bildungsmesse/Careermesse für ausländische Studierende,
- Abgrenzungen zu Zuständigkeits- und Tätigkeitsbereichen anderer mit der Betreuung ausländischer Studierender befasster Stellen und gegenseitiger Verweise aufeinander,
- Synergieeffekte insbesondere mit der Universität, aber auch mit anderen inner- und außeruniversitären Einrichtungen nutzen,
- eine stärkere Integration unter das Dach der Universität zu Köln und Vernetzung mit Angehörigen der Universität zu Köln.

## IV. Zukünftige Rolle der Internationalen Hochschulgruppen zwischen Autonomie und Vernetzungen

Angesichts der Probleme sozialer Integration und möglicher Vereinsamungstendenzen bei bildungsausländischen Studierenden, vor allem in der typologisch eigenständig zu fassenden Lebenslage (Schulz-Nieswandt 2006) als *Freemover*, stellt ein Vereinswesen eine bewährte Modalität der Problembewältigung dar. Das Vereinswesen, das durchaus dann auch seine internen Steuerungsprobleme im Sinne des Managements der Erledigung öffentlicher Güter – die Probleme sind in ihrer alltäglichen Trivialität oben alle benannt worden – innerhalb des Clubs lösen muss, ist ein kulturanthropologisch wie kulturgeschichtlich ubiquitäres Phänomen. Ein Vereinswesen – oder auch Kultgenossenschaften – kennen wir in Hinsicht auf Sozialisationsprozesse geschlechtlicher Rollenidentitätsfindung in vielen Kulturen (im Kontext von Altersklassenregimen) ebenso wie im ökonomischen Organisationsbereich in Form von Berufskollegia, z. B. etwa im vorchristlichen Altertum in Mesopotamien wie in der römischen Gesellschaft oder als Gilden im europäischen Mittelalter (Schulz-Nieswandt 2003).

Solche Gebilde erfordern eine gewisse Autonomie. Doch der innere Drang zur sozialen Integration öffnet den liminalen Raum – den Übergangsraum von Innen nach Außen – in Richtung auf die Dialogizität des Zwischenraums der interkulturellen Kommunikation. An den Schnittstellen zeigt sich die Abkehr von einer puristischen Selbstsegregation als Reinheitskultur des (Wert-geschätzten) Selbst als das ganz Andere der (kritisierten bis abgelehnten) dominanten Kultur des Außen – vor allem wohl dann, wenn diese als Leitkulturhegemonial auftritt und die Differenz zwischen Inklusion und adaptiver Integration nicht sieht und versteht. Die ganze kulturelle Grammatik einer solchen Psychodynamik soll hier gar nicht entfaltet werden (dazu etwa in Schulz-Nieswandt 2014a; 2014b).

So verändert sich Autonomie zur relativen Autonomie als Gleichgewicht von Verschlossenheit und Offenheit. Mit kruder Selbst- oder Fremd-Segregation hat dies wenig zu tun. Selbstsegregationswünsche gibt es. Das mögen z. B. ethnographische Studien zu Gehörlosen (Uhlig 2012) zeigen können.

Dennoch bedürfen Selbsthilfeorganisationen trotz ihrer internen Selbstverwaltung einer externen Förderung. Diese Förderung – hier nun seitens der Universität und ihrer Leitung – muss kultur- und insgesamt selbstverwaltungssensibel sein. Ferner ist eine solche Kultur des Förderns nicht eine *reine* Gabe (Schulz-Nieswandt 2014), sondern eine Win-Win-Situation. Ökonomisch gesprochen: Eine *Rawls*ianische Teilmenge aller Pareto-Lösungen wird möglich und wäre anzupeilen. Die Schnittmenge liegt im erfolgreichen Studieren begründet. Das ist – angesichts der Output-orientierten Finanzierungsmodi in NRW – auch ökonomisch relevant. Insofern haben auch kulturelle Clubs positive externe Effekte und die Nutzenfunktionen der Universität einerseits und der Clubmitglieder andererseits sind interdependent. Insofern fördert die Universität mit der Förderung des Vereinswesens die soziale Wohlfahrt insgesamt (Schulz-Nieswandt 2015) und dient zugleich den eigenen strategischen Interessen.

Diese Sicht der Dinge leitet unmittelbar über zur Frage, wo die Universität, nicht zuletzt im Lichte der „langen Dauer" der europäischen Geschichte (Weber 2002; Fischer 2015), im sozialen Wandel ihrer Kultur – ihrer Gestaltqualität – eigentlich steht und wo sie hin will.

## V. Quo vadis – Universität?

Die vorliegende kleine Studie ist explorativer Art und konzentriert sich auf eine lokale Welt: der Universität zu Köln. Solche Lokalstudien sind nicht ganz selten. Das Thema selbst ist schon längst ein Thema der Dauerbeobachtung seitens der OECD (OECD 2011) geworden. Und es liegt bereits ein breiteres Schrifttum zum Themenfeld vor (Ripmeester/Pollock 2013; Jensen 2001; Pascale 2008; Krieger 2007; Darowska 2010; Helmolt u. a. 2014). Die Problemlösungschancen werden auch erkannt (Esser 2010 zu Konzepten und zur Praxis kultursensibler Beratung im Dialog; ferner etwa Schumann 2012; Mehlhorn u. a. 2009).

Ist die Universität (zu Köln) eine Universität für alle Studierenden? Wie eingangs angeführt, haben wir diese Frage hochschulpolitisch mit Blick auf das etablierte Regime des Hochschulmanagements (Heinrichs 2010; Wissel 2007) bereits an anderer Stelle skizzenhaft angesprochen (einleitend in Johnen/Schulz-Nieswandt 2012, vgl. auch die dort bereits zitierte einschlägige Literatur). Und ebenso wurde eingangs angesprochen, dass nach Abschluss aller Studienmodule eine Gesamtaufwertung der Befunde erfolgen muss, die in Handlungsempfehlungen an die Hochschule münden sollen. Dazu wird eine Stakeholder-Konferenz durchgeführt.

Der Stakeholder-Begriff verweist, dies soll nun zum Ende der kleinen Studie aufgegriffen werden, auf die neuere wirtschaftsethische Debatte in der Unternehmensführungskritik. Die Literatur (vgl. etwa Aßländer 2011; Heidenreich 2012) – wenngleich das Thema dogmengeschichtlich nun ja keineswegs neu ist – dazu wächst dynamisch an. Verschiedene wirtschaftsethische Positionen haben sich herausgebildet. Das ist hier jedoch nicht das Thema. Allerdings wird deutlich, dass man mit Blick auf das jeweils gesellschaftlich erwünschte Verhalten nicht hinreichend nur auf die externen Anreizbedingungen als Rahmungen (Strukturierungen der Handlungsfelder und die Person werden hierbei in dem Datenkranz versteckt: methodisch zu verstehen als die quasi so definierbare *Epoché* der ansonsten kläglich non-phänomenologischen Ökonomie) blicken kann. Man wundert sich, wie der Behaviorismus der Rattenpsychologie nicht überwunden wird und immer wieder aus dem Untergrund der verstaubten Teile der Dogmengeschichte emporkommt. Natürlich kommt es vielmehr auch auf die Haltung an. Und dies gilt nicht nur aus explikativen Theoriebildungsgründen heraus, sondern, ethisch gewendet, vor allem auch aus Nachhaltigkeits- und Qualitätsargumenten heraus. Der Sozialcharakter ist relevant – auf der habituellen Ebene der Person wie auf der Ebene der Skripte der eigenlogischen Institutionen. Auch die Universität, die als unternehmerische Körperschaft des öffentlichen Rechts im lokalen, regionalen, nationalen und internationalen wettbewerblichen Markt (Wilkesmann/ Schmid 2012; deutlich: Hennig-Thurau 2004) steht, hat sich – *achtsam* – zu fragen, wie sie zu den internen (Perspektive der Studienzufriedenheit: Voss 2008) und externen Stakeholdern (Beschorner/Brink 2004; Freeman 2004) in ihrer nachhaltigen Organisationsentwicklungspolitik positioniert ist. Was ist *eigentlich* (in Richtung sowohl auf die epistemologische [also empirisch-explikativ gefragt] wie in Hinsicht auf die ontologische [also auf authentische Gestaltqualität abstellend] Wahrheit nachfragend) ihre Produktionsfunktion? Was, wie und für wen und mit Blick auf die Lebenssituation ihrer internen Humanressourcen, wie inklusiv – und hier wenden wir uns in einer laufenden Studie auch der Frage der Situation von Studierenden mit Behinderungen zu – und fördernd will die Universität leisten?

Wenn es geht, sollte dies sogar eine authentische Haltung sein und nicht nur die strategische Spekulation auf ökonomisch relevante, symbolische Reputationsgewinne (Fleischer 2015) und Markenpolitik (Schallehn 2012).

Der Studierende muss, um mit kurzen Reflexionen aus der philosophischen Anthropologie abzuschließen, auch scheitern können. Scheitern (John/Langhof 2014) ist die fundamentalontologisch definierbare Kehrseite von Freiheit und Verantwortung. Daran hängen biographisch entsprechende Kränkungserlebnisse. Und die Universität muss auch nicht der passungsoptimale Ort für jede Person auf der Suche nach einem Platz im Leben sein. Bologna treibt dennoch alle in diese Entscheidungssituation.

Wenn der Mensch also scheitern können muss, so muss die Universität auf dieser passungs- und nicht nur leistungslogischen Grundlage den Wert der Zertifikate durch anspruchsvolle Bildungsziele und nicht nur – ohnehin verkürzt und wohl das Ganze falsch verstehend – durch Ausbildungsprogramme (abstellend auf Employability und Workability) auf hohem Niveau stabilisieren. Die Universität ist keine Organisation, die Zertifikate im Kontext von Gnade und Barmherzigkeit verschenken kann. Einerseits. Das bi-polare Spektrum der Fehlorientierungen in dieser universitären Haltungsfrage ist breiter. Denn andererseits geht es nicht nur um Spitzenförderung. Der bildungs- und arbeitsmarktpolitische Platzierungsauftrag bezieht sich auf die Anforderungsprofile der ganzen, sich weiter entwickelnden Gesellschaft und ihres ökonomischen Subsystems insgesamt. Die Universität rekrutiert ja nicht nur ihren eigenen professoralen Nachwuchs.

Ist also die Universität für alle Studierenden da? Die Eliteorientierung darf nicht im Geiste eines neo-liberalen Regimes umkippen in die Idee der reinen Selbstverschuldung des ontologisch unabdingbaren Scheiterns als Daseinsmöglichkeitskategorie (vgl. ferner Draheim 2012). Eigenverantwortlichkeit: Ja, aber sie hat ihre Grenzen. Ohne „Hilfe zur Selbsthilfe" geht es nicht. Menschen müssen zur Selbstbefähigung auch befähigt werden. Der Capability-Ansatz von Amartya Sen (dazu Neuhäuser 2013) ist nicht *personologisch* (***p***) verkürzt; er ist *personalistisch* (***P***) zu verstehen, wobei gilt: $\boldsymbol{p \neq P}$. Der Mensch existiert und führt sein Dasein nur erfolgreich im transaktionalen Sinne im Status einer personalen Gestaltqualität: Er steht daher immer auch im Modus einer existenziellen Angewiesenheit und Verwiesenheit in Wechselwirkung zu seiner Umwelt, die ihn auch fördern muss. Alles andere ist ein (untiefes) Denken im Horizont des neoliberalen Münchhausen-Effekts.

Hier bleibt die Universität in ihrer ihr zukommenden Mitverantwortung verhaftet.

# Anhang: Fragebogen

UNIVERSITÄT ZU KÖLN

Wirtschafts- und Sozialwissenschaftliche Fakultät

Institut für Soziologie und Sozialpsychologie

**Prof. Dr. Frank Schulz-Nieswandt**

Professur für Sozialpolitik und Methoden der qualitativen Sozialfoschung

## FRAGEBOGEN - Internationale Hochschulgruppen

Sehr geehrte Studierende,

eine Umfrage auf STeXX.eu, einer Onlineplattform der europäischen Studienwahlwebsite STudyPortals, weist die Universität zu Köln als beliebteste deutsche Universität bei internationalen Studierenden aus.

Vor dem Hintergrund der praktischen Umsetzung der Internationalisierungsentwicklungen, die sich aus dem Zukunftskonzept Meeting the Challenge of Change and Complexity ergeben, führen wir in Zusammenarbeit mit dem Dezernat 2 „Studentische Angelegenheiten der Universitätsverwaltung" das Projekt **Lebenslage Kölner ausländischer Studierender – Situation, Handlungsperspektiven, strategische Entscheidungsmöglichkeiten der Universität zu Köln** durch. Näheres unter: http://www.sozialpolitik.uni-koeln.de/sn_projekte.html#c68910

Im Rahmen des Projekts sind wir an der Arbeit und dem Meinungsbild der Internationalen Hochschulgruppen zur Studiersituation ausländischer Studierender an der Universität zu Köln interessiert. Durch diesen Fragebogen wollen wir Sie als Stakeholder bitten, Ideen und Vorschläge für eine zielgerichtete Integration ausländischer Studierender in den Studienalltag an der Universität und das Leben in Köln darzulegen.

Bitte geben Sie den ausgefüllten Fragebogen am **7. November** im Rahmen der ISAC-Besprechung an Herrn Chardey zurück, er leitet diesen dann an uns weiter.

Ihre Angaben **unterliegen dem Datenschutz**, die Angaben bleiben anonym.

Herzlichen Dank


| Dr. Ursula Köstler | Heike Marks |
|---|---|
| ursula.koestler@uni-koeln.de | marksh1@uni-koeln.de |


1

## A. Allgemeine Informationen

A.1 Name Ihrer Hochschulgruppe:

A.2 Wann wurde die Hochschulgruppe gegründet?

A.3 Bitte formulieren Sie die Ziele Ihrer Hochschulgruppe:

## B. Größe und Zusammensetzung der Hochschulgruppe

B.1 Wie viele Studierende engagieren sich aktiv in der Hochschulgruppe?

B.2 Wie viele Studierende beteiligen sich an den Angeboten der Hochschulgruppe?

B.3 Aus welchen Nationen kommen die Studierenden?

Es gibt unterschiedliche Wege für ausländische Studierende an einer deutschen Universität zu studieren:

Programmstudierende: Kurzzeitstudium über max. 2 Semester wie ERASMUS

Degree Seeking Students: ausländische Studierende, die Ihre Hochschulzugangsberechtigung im Ausland erworben haben (hierunter fällt auch Studienkolleg) und einen Abschluss an der Uni Köln anstreben

Bildungsinländer mit Migrationsbiografie (Studierende, die das deutsche Abitur erworben haben und einen ausländischen Pass haben oder einen Migrationshintergrund)

B.4 Wie setzt sich Ihre Hochschulgruppe zusammen? (Schätzung in Prozent)

- ☐ Programmstudierende ______________
- ☐ Degree Seeking Students ______________
- ☐ Bildungsinländer ______________
- ☐ Deutsche ______________

2

## C. Unterstützungsbedarfe bei ausländischen Studierenden

C.1 Welche Bedarfe ausländischer Studierender stehen im Vordergrund?

C.2 Wann entstehen insbesondere Bedarfe? (Mehrfachantwort möglich)

- ☐ vor Studienbeginn
- ☐ während des Studiums
- ☐ zum Studienbeginn
- ☐ zum Studienende

C.3 Variieren die Bedarfe nach den unterschiedlichen Gruppen ?
(Programmstudierende, Degree Seeking Students, Bildungsinländer mit Migrationshintergrund)

C.4 Bitte benennen Sie Ihre Ideen und Verbesserungsvorschläge für die Integration von Degree Seeking Students im universitären und außeruniversitären Alltag.

3

## D. Angebote Ihrer Hochschulgruppe

| ***Bitte kreuzen Sie nur ein Kästchen pro Zeile an und ergänzen Sie ggf. eine Begründung in der letzten Spalte*** | Angebot besteht | Angebot in Planung | kein Angebot | Angebot eingestellt | **Grund:** |
|---|---|---|---|---|---|
| D.1 Studienberatung | ☐ | ☐ | ☐ | ☐ | |
| D.2 Beratung bei der Beantragung von Stipendien | ☐ | ☐ | ☐ | ☐ | |
| D.3 Organisieren von Lerngruppen | ☐ | ☐ | ☐ | ☐ | |
| D.4 Vermittlung von Praktika | ☐ | ☐ | ☐ | ☐ | |
| D.5 Tutorenprogramme | ☐ | ☐ | ☐ | ☐ | |
| D.6 Mentorenprogramme | ☐ | ☐ | ☐ | ☐ | |
| D.7 Deutschkurse | ☐ | ☐ | ☐ | ☐ | |
| D.8 Englischkurse | ☐ | ☐ | ☐ | ☐ | |
| D.9 Mail-Verteiler/ Forum für Mitglieder der Hochschulgruppe | ☐ | ☐ | ☐ | ☐ | |
| D.10 Facebookseite | ☐ | ☐ | ☐ | ☐ | |
| D.11 Hilfen bei der Wohnungssuche | ☐ | ☐ | ☐ | ☐ | |
| D.12 Begleitung bei Behördengängen | ☐ | ☐ | ☐ | ☐ | |
| D.13 Beratung in Rechtsfragen | ☐ | ☐ | ☐ | ☐ | |
| D.14 Beratung bei finanziellen Notlagen | ☐ | ☐ | ☐ | ☐ | |
| D.15 Gesprächsangebote in Krisen und Konfliktsituationen | ☐ | ☐ | ☐ | ☐ | |
| D.16 Kulturelle Rituale aus dem Herkunftsland pflegen (Herkunftssprache, Kochen, Tanzen) | ☐ | ☐ | ☐ | ☐ | |
| D.17 Veranstaltungen: Vorträge, Filme, Musik | ☐ | ☐ | ☐ | ☐ | |
| D.18 Semesterbegrüßungsveranstaltungen | ☐ | ☐ | ☐ | ☐ | |
| D.19 Ausflüge | ☐ | ☐ | ☐ | ☐ | |
| D.20 Sportveranstaltungen | ☐ | ☐ | ☐ | ☐ | |
| D.21 Hausaufgabenbetreuung von Kölner Schülern und Schülerinnen aus den Herkunftsländern | ☐ | ☐ | ☐ | ☐ | |
| D.22 Weitere bisher nicht aufgeführte Angebote Ihrer Hochschulgruppe: | ☐ | ☐ | ☐ | ☐ | |
| D.23 | ☐ | ☐ | ☐ | ☐ | |
| D.24 | ☐ | ☐ | ☐ | ☐ | |
| D.25 | ☐ | ☐ | ☐ | ☐ | |
| D.26 | ☐ | ☐ | ☐ | ☐ | |

4

## E. Zusammenarbeit und Kooperation

Mit wem sind Sie in welchen Bereichen vernetzt und arbeiten zusammen?

| ***Bitte kreuzen Sie nur ein Kästchen pro Zeile an und ergänzen Sie die Bereiche in der letzten Spalte*** | Zusammen-arbeit | Keine Zusammen-arbeit | Bereiche: |
|---|---|---|---|
| E.1 Andere Hochschulgruppen | ☐ | ☐ | |
| E.2 Rektorat | ☐ | ☐ | |
| E.3 Fakultät Studiendekan | ☐ | ☐ | |
| E.4 Fachschaft | ☐ | ☐ | |
| E.5 AStA/ ARef | ☐ | ☐ | |
| E.6 KStW | ☐ | ☐ | |
| E.7 Studienberatung | ☐ | ☐ | |
| E.8 AAA | ☐ | ☐ | |
| E.9 Stadt Köln | ☐ | ☐ | |
| weitere: | ☐ | ☐ | |
| | ☐ | ☐ | |
| | ☐ | ☐ | |

E.10 Wo wünschen Sie sich weitere Kooperationspartner?

## F. Offener Dialog

Hier haben Sie Raum für weitere Anmerkungen.

Vielen Dank für Ihre Mitarbeit!

5

# Literatur


Affeld, Chr. 2010. Neue Modi politischer Steuerung im Prozess europ. Hochschulreformen. Saarbrücken: VDM.

Apolinarski, B. und J. Poskowsky 2013. Ausländische Studierende in Deutschland 2012. BMBF. Berlin.

Aßländer, M. S. (Hrsg.) 2011. Handbuch Wirtschaftsethik. Stuttgart-Weimar: J. B. Metzler.

Baberowski, J. (Hrsg.) 2014. Was ist Vertrauen? Frankfurt am Main, New York: Campus.

Bader, V. 2014. Kollektives Handeln. Wiesbaden: VS.

Bender, S.-F. und M. Schmidbaur, A. Wolde (Hrsg.) 2013. Diversity ent-decken. Reichweiten und Grenzen von Diversity Policies an Hochschulen. Weinheim: Beltz-Juventa.

Berger, P. L. und Th. Luckmann 2013. Die gesellschaftliche Konstruktion der Wirklichkeit. 25. Aufl. Frankfurt am Main: Fischer.

Beschorner, Th. und A. Brink (Hrsg.) 2004. Stakeholdermanagement und Ethik. In: Zeitschrift für Wirtschafts- und Unternehmensethik. Heft 3/5.

Birkhan, B. 2012. Foucaults ethnologischer Blick. Bielefeld: transcript.

Borde, Th. und M. David (Hrsg.) 2011. Migration und psychische Gesundheit. Belastungen und Potenziale. 2. Aufl. Frankfurt am Main: Mabuse.

Bräunlein, P. J. 2012. Zur Aktualität von Victor W. Turner. Wiesbaden: VS Verlag für Sozialwissenschaften.

Breithaupt, F. A. 2009. Kulturen der Empathie. Frankfurt am Main: Suhrkamp.

Chardey, B. 2015. Vertrauensverlust von Bildungsausländern bei Behördengängen. Baden-Baden: Nomos.

DAAD und DZHW (Hrsg.) 2014. Wissenschaft weltoffen. Daten und Fakten zur Internationalität von Studium und Forschung in Deutschland. Bielefeld: Bertelsmann.

Darowska, L. 2010. Hochschule als transkultureller Raum. Bielefeld: transcript.

Draheim, G. 1955. Die Genossenschaft als Unternehmenstyp. 2. Aufl. Göttingen: Vandenhoeck & Ruprecht.

Draheim, S. 2012. Das lernende Selbst in der Hochschulreform: »Ich« ist eine Schnittstelle. Subjektdiskurse des Bologna-Prozesses. Bielefeld: transcript.

Eby, L. T. and J. E. Rhodes, T. D. Allen 2010. Definition and Evolution of Mentoring. In: Allen, T. D. and L. T. Eby (Hrsg.): The Blackwell handbook of mentoring. A multiple perspectives approach. Oxford: Blackwell, 7-20.

Elias, N. 2014. Was ist Soziologie? 12. Aufl. Weinheim: Beltz-Juventa.

Emmerich, J. 2012. Die Vielfalt der Freiwilligenarbeit. Eine Analyse kultureller und sozialstruktureller Bedingungen der Übernahme und Gestaltung von freiwilligem Engagement. Berlin: LIT.

Esser, B. 2010. Kultursensible Beratung und Dialog. Arbeit und Begegnung mit ausländischen Studentinnen und Studenten. Schwalbach/Ts.: Wochenschau-Verlag.

Filipp, S.-H. und P. Aymanns 2010. Kritische Lebensereignisse und Lebenskrisen. Stuttgart: Kohlhammer.

Fischer, St. 2015. Geschichte der europäischen Geschichte. München: Beck. I. E.

Fleischer, A. 2015. Reputation und Wahrnehmung. Wie Unternehmensreputation

entsteht und wie sie sich beeinflussen lässt. Wiesbaden: Springer VS.

Franzen, A. und M. Freitag (Hrsg.) 2007. Sozialkapital. Grundlagen und Anwendungen. Wiesbaden: VS Verlag für Sozialwissenschaften.

Freeman, R. E. 2004. The Stakeholder Approach Revisited. In: Zeitschrift für Wirtschafts- und Unternehmensethik. Sonderheft 3/5, 228-241.

Gotthardt, N. 2014. Serbische Studierende in Deutschland. Berlin: LIT.

Greindl, T. und S. Schirner, H. Stoeger, A. Ziegler 2013. The effectiveness of a one-year web-based mentoring program for girls in STEM. In: Proceedings of the IADIS International conference Web Based Communities and Social Media 2013, 107-109.

Gundelach, B. 2014. Ethnische Diversität und Soziales Vertrauen. Baden-Baden: Nomos.

Hahn, K. 2004. Die Internationalisierung der deutschen Hochschulen. Wiesbaden: VS Verlag für Sozialwissenschaften.

Hammer, E. und N. Tomaschek (Hrsg.) 2013. Vertrauen. Standpunkte zum sozialen, wirtschaftlichen und politischen Handeln. Münster u. a.: Waxmann.

Hedderich, I. 2009. Burnout. Ursachen, Formen, Auswege. München: Beck.

Heidenreich, F. 2012. Wirtschaftsethik zur Einführung. Hamburg: Junius.

Heinrichs, W. 2010. Hochschulmanagement. München: Oldenbourg.

Heitzmann, D. und U. Klein (Hrsg.) 2012. Diversity konkret gemacht. Wege zur Gestaltung von Vielfalt an Hochschulen. Weinheim: Beltz-Juventa.

Helmolt, K. v. u. a. (Hrsg.) 2014. Migration und Hochschule. Herausforderungen für Politik und Bildung. Stuttgart: Ibidem.

Hennig-Thurau, Th. 2004. Marktbezogenes Organisationales Lernen als Aufgabe des Hochschulwesens. Berlin: Duncker & Humblot.

Hochschul-Informationssystem (HIS) 2009. Ursachen des Studienabbruchs in Bachelor- und in herkömmlichen Studiengängen, Hannover.

Hochschul-Informationssystem (HIS) 2012. Die Entwicklung der Schwund- und Studienabbruchquoten an den deutschen Hochschulen, Hannover.

Jensen, St. 2001. Ausländerstudium in Deutschland. Die Attraktivität deutscher Hochschulen für ausländische Studierende. Wiesbaden: DUV.

John, R. und A. Langhof (Hrsg.) 2014. Scheitern – ein Desiderat der Moderne? Wiesbaden: VS.

Johnen, H. und F. Schulz-Nieswandt 2013. Zum Problem der Statuspassage Schule-Hochschule nach G8. Baden-Baden: Nomos.

Kerner, I. 2012. Postkoloniale Theorien zur Einführung. Hamburg: Junius.

Klein, K. 2010. Soziales Kapital als Ressource in Bildungsbiographien. Berlin: LIT.

Klein, U. und D. Heitzmann (Hrsg.) 2012. Hochschule und Diversity. Theoretische Zugänge und empirische Bestandsaufnahme. Weinheim: Beltz-Juventa.

Kocabiyik, H. 2009. Der Bologna-Prozess: Europäisierungspolitik der Hochschulen. Saarbrücken: VDM.

Köstler, U. 2009. Lebenszyklus in Vereinsform tätigen Initiativen der Hilfe auf Gegenseitigkeit. In: Zeitschrift für öffentliche und gemeinwirtschaftliche Unternehmen. 2009 (3), 272-281.

Köstler, U. 2012. Nightline: Das Zuhör- und Informationstelefon von Studierenden für Studierende. Ein studentisches Projekt zivilgesellschaftlichen Engagements – Entwicklungschancen und Nachhaltigkeitsprofile. Baden-Baden: Nomos.

Köstler U. und H. Marks 2014. Ausländische Studierende an der Universität zu Köln: Status quo, Erwartungen und Ideen für eine gelebte Internationalisierung. Erfolgsdimensionen für einen erfolgreichen Studienabschluss unter Einbezug von Mentoringsystemen. Nomos: Baden-Baden.

Köstler, U. und F. Schulz-Nieswandt 2011. Traditionelle Hilfe zur Selbsthilfe in neuer Form – Gelebte generalisierte Reziprozitätsnormen in Vereinsform. In: Sozial Extra. 1/2 2011, 50-53.

Köstler, U. und F. Schulz-Nieswandt 2014. Motivation und Anerkennung als Grundlage des Gelingens von Seniorengenossenschaften. In: Beyer, T. und E. Görtler, D. Rosenkranz (Hrsg.) Seniorengenossenschaften. Organisierte Solidarität. Weinheim Basel: Beltz Juventa. i. D.

Krautz, B. und H. Schiebeck, J. Schülke 2013. Stressfrei studieren ohne Burnout. Konstanz: UVK-Stuttgart: Lucius & Lucius (UTB).

Krieger, Th. (Hrsg.) 2007. Warum wir hier sind. Ausländische Studierende finden ihren Weg im deutschen Unialltag. Bielefeld: Luther-Verlag.

Liesner, A. und I. Lohmann (Hrsg.) 2009. Bachelor bolognese. Erfahrungen mit der neuen Studienstruktur. Opladen: Budrich.

Machleidt, W. 2013. Kultur, Migration und psychische Gesundheit. Dem Fremden begegnen. Stuttgart: Kohlhammer.

Maeße, J. 2010. Die vielen Stimmen des Bologna-Prozesses. Zur diskursiven Logik eines bildungspolitischen Programms. Bielefeld: transcript.

Mangold, T. 2010. Die Auswirkungen des sozialen Kapitals aus Jugendfreundschaften. Saarbrücken: Südwestdeutscher Verlag für Hochschulschriften.

Mehlhorn, G. u. a. 2009. Studienbegleitung für ausländische Studierende an deutschen Hochschulen. München: Iudicium.

Neuhäuser, Chr. 2013. Amartya Sen zur Einführung. Hamburg: Junius.

OECD Reviews of Migrant Education 2011. Closing the Gap for Immigrant Students. Bielefeld: Bertelsmann.

Pascale, E. 2008. Metamorphosis: Identity Outcomes International Student Adaptation. Saarbrücken: VDM.

Petermann, F. 2013. Psychologie des Vertrauens. 4., überarb. Aufl. Göttingen: Hogrefe.

Pethes, N. 2013. Kulturwissenschaftliche Gedächtnistheorien. 2., überarb. Aufl. Hamburg: Junius.

Piolot, P. 2014. Studienabbruch und Alternativen. Stuttgart: UTB.

Pöppinghege, R. und D. Klenke (Hrsg.) 2011. Hochschulreformen früher und heute. Zwischen Autonomie und gesellschaftlichem Gestaltungsanspruch. Köln: SH-Verlag.

Putnam, R. 2001. Gesellschaft und Gemeinsinn. Gütersloh: Bertelsmann.

Rech, J. 2012. Studienerfolg ausländischer Studierender. Münster u. a.: Waxmann.

Rheinberger, H.-J. 2013. Historische Epistemologie zur Einführung. 3. Aufl. Hamburg: Junius.

Ricoeur, P. 2006. Wege der Anerkennung. Frankfurt am Main: Suhrkamp.

Riekmann, W. 2011. Demokratie und Verein. Potenziale demokratischer Bildung in der Jugendarbeit. Wiesbaden: VS.

Ripmeester, N. und A. Pollock 2013. Willkommen in Deutschland. Wie internationale Studierende den Hochschulstandort Deutschland wahrnehmen. Bielefeld: Bertelsmann.

Rosenkranz, D. und A. Weber (Hrsg.) 2012. Freiwilligenarbeit. Einführung in das Management von Ehrenamtlichen in der Sozialen Arbeit. 2., aktual. Aufl. Weinheim-Basel: Beltz-Juventa.

Sautermeister, J. 2013. Identität und Authentizität. Studien zur normativen Logik personaler Orientierung. Fribourg : Acad. Press Fribourg [u. a.].

Schallehn, M. 2012. Marken-Authentizität. Konstrukt, Determinanten und Wirkungen aus Sicht der identitätsbasierten Markenführung. Wiesbaden: Springer Gabler.

Schlögl, H. 2010. Traumatische und kritische Lebensereignisse bei Studierenden. Saarbrücken: VDM.

Schnurbein, G. v. und D. Wiederkehr, H. Ammann (Hrsg.) 2013. Freiwilligenarbeit zwischen Freiheit und Professionalisierung. Zürich: Seismo.

Schürmann, L. K. 2013. Motivation und Anerkennung im freiwilligen Engagement. Wiesbaden: VS.

Schützeichel, R. (Hrsg.) 2007. Handbuch Wissenssoziologie und Wissensforschung. Konstanz: UVK.

Schulz-Nieswandt, F. 2003. Herrschaft und Genossenschaft. Berlin: Duncker & Humblot.

Schulz-Nieswandt, F. 2006. Sozialpolitik und Alter. Stuttgart: Kohlhammer.

Schulz-Nieswandt, F. 2011. Gesundheitsselbsthilfegruppen und Selbsthilfeorganisationen in Deutschland. Baden-Baden: Nomos.

Schulz-Nieswandt, F. 2012. Gemeinschaftliches Wohnen im Alter in der Kommune. Das Problem der kommunalen Gastfreundschaftskultur gegenüber dem *homo patiens*. Berlin: Duncker & Humblot.

Schulz-Nieswandt, F. 2013. Der inklusive Sozialraum. Psychodynamik und kulturelle Grammatik eines sozialen Lernprozesses. Baden-Baden: Nomos.

Schulz-Nieswandt, F. 2013a. Der leidende Mensch in der Gemeinde als Hilfe- und Rechtsgenossenschaft. Berlin: Duncker & Humblot.

Schulz-Nieswandt, F. 2014. Onto-Theologie der Gabe und das genossenschaftliche Formprinzip. Baden-Baden: Nomos.

Schulz-Nieswandt, F. 2014a. How to reach inclusion and intergenerational solidarity? Social ontology, philosophical anthropology and ethics in practical purposes relating social policy. In: Hodelin, G. B. und M. M. Hayes-Frawley, S. Washi (Hrsg.). Family Socioeconomic and Cultural Issues: A Continuing Home Economics Concern. Bonn: International Federation for Home Economics, 24-34.

Schulz-Nieswandt, F. 2014b. „Die Sozialpolitik geht über den Fluss". Ein Beitrag zur conditio humana. In: Resopal (Hrsg.). denk.werkstatt 2013. stand.punkten : main.streamen. Groß-Umstadt, 125-152.

Schulz-Nieswandt, F. 2015. Zur morphologischen Möglichkeit der Gemeinwirtschaftlichkeit des genossenschaftlichen Formprinzips. i. E.

Schulz-Nieswandt, F. und F. Langenhorst 2012. Minderjährige StudienanfängerInnen an der Hochschule – ein Problem? Baden-Baden: Nomos.

Schumann, A. (Hrsg.) 2012. Interkulturelle Kommunikation in der Hochschule. Zur Integration internationaler Studierender und Förderung Interkultureller Kompetenz. Bielefeld: transcript.

Simmel, G. 2009. Soziologie. Frankfurt am Main: Suhrkamp.

Stegbauer, C. und R. Häußling (Hrsg.) 2011. Handbuch Netzwerkforschung. Wiesbaden: VS Verlag für Sozialwissenschaften.

Stemmer, P. 2013. Studien- und Lebenssituation ausländischer Studierender an deutschen Hochschulen. Analyse – Handlungsfelder – strategische Entscheidungsmöglichkeiten. Nomos: Baden-Baden.

Stemmer, P. 2014. Wie kann das Studium besser gelingen? Probleme und Erfolgsfaktoren von Bildungsausländern. Eine explorative Studie an der Universität zu Köln. Nomos: Baden-Baden.

Stingl, B. 2008. Der Prozess des Studienabbruchs. Saarbrücken: VDM.

Teichler, U. 2007. Die Internationalisierung der Hochschulen. Frankfurt am Main: Campus Verlag.

Uhlig, A. C. 2012. Ethnographie der Gehörlosen. Kultur – Kommunikation – Gemeinschaft. Bielefeld: transcript.

Veith, H. 2008. Sozialisation. München: Reinhardt (UTB).

Voss, R. 2008. Studienzufriedenheit. Analyse der Erwartungen von Studierenden. Köln: Eul.

Weber, W: E. J. 2002. Geschichte der europäischen Universität. Stuttgart: Kohlhammer.

Wehrlin, U. 2011. Universitäten und Hochschulen im Wandel. München: AVM.

Wilkesmann, U. und Chr. J. Schmid (Hrsg.) 2012. Hochschule als Organisation. Wiesbaden: VS.

Wissel, C. v. 2007. Hochschule als Organisationsproblem. Bielefeld: transcript.

Wojcieszuk, M. A. 2010. „Der Mensch wird am Du zum Ich“. Eine Auseinandersetzung mit der Dialogphilosophie des XX. Jahrhunderts. Freiburg i. Br.: Centaurus.

Wright-Harp, W. und P. Cole 2008. A mentoring model for enhancing success in graduate education. In: Contemporary Issues in Communication Science and Disorders, 35, 4-16.

Wulf, Chr. und J. Zirfas (Hrsg.) 2014. Handbuch pädagogische Anthropologie. Wiesbaden: VS.

Wulff, A. 2013. Statuspassage Studienbeginn – Zwischen Vergemeinschaftung und Resilienz. Nomos: Baden-Baden.

Wulff, A. 2014. Soziale Integration der BildungsausländerInnen an der Universität zu Köln – Eine Betrachtung am Beispiel der Situation in den Wohnheimen des Studentenwerks. Nomos: Baden-Baden.

Yousefi, H. R. und I. Braun 2011. Interkulturalität. Eine interdisziplinäre Einführung. Darmstadt: WBG.

Zimmer, A. 2007. Vereine – Zivilgesellschaft konkret. Wiesbaden: VS.

Zueva, T. 2009. Psychosoziale Gesundheit in der Migration. Psychosoziale Situation von Spätaussiedlerinnen aus der ehemaligen UdSSR mit Hochschulabschluss – Eine qualitative Studie. Saarbrücken: VDM.